겨울감나무처럼

겨울감나무처럼

이성숙 수필집

한 솔

[작가의 말]

삶이 고단하다고 생각했지만,

아름다운 시절도 있었습니다.

기억 속에 있던 날들을 꺼내보며,

화해도 하고 용서도 하였습니다.

2021년 11월
이 성 숙

| 차례 |

■ 작가의 말

제1부 수선화

12 새
17 수선화
21 그해 겨울은 유난히 추웠다
27 수심을 쓸어내는 빗자루
31 엄마가 그리운 날
36 화해
41 우렁각시
46 홀가분하게

| 차례 |

제2부　겸손하게 천천히

52　부부로 산다는 것(1)
57　부부로 산다는 것(2)
62　지나간 것은 다시 그리워지나니
67　건망증
72　겨울 감나무처럼
76　겸손하게 천천히
80　성씨 이야기
84　유나(瑜娜)

제3부 공사판 사람들

- 92 공사판 사람들
- 97 집 짓는 사람
- 102 우즈베키스탄에서 온 청년
- 106 김 군
- 111 젊은 그대
- 115 인연
- 119 끝나지 않은 일
- 123 바람이 되어

| 차례 |

제4부　오수회(五秀會)

130　이름
135　황금빛 추억
140　꿈꾸는 책방
144　청정지역
150　오수회(五秀會)
154　친구
159　무심천
163　지나고 나서야 알았다

제5부 철없는 시절

170 철없는 시절
174 사람들 사이
179 우아한 사진관
184 고구마
189 말은 해야 맛이지
193 비대면 수업
197 봄날 꽃 잔치
201 땅속 사정은 모르면서

207 〔해설〕 인내(忍耐)의 뒤에서 기다리는 희망(希望) – 권희돈

제1부

수선화

새

 이른 새벽 새소리에 잠이 깼다. 창문 앞 난간에 참새 서너 마리가 사이좋게 머리를 맞대고 앉아 재잘거린다. 텁텁하던 귀가 맑아지고 상쾌하다. 시내를 벗어나 시골의 산 아래 동네에 살았던 적이 있다. 그곳에서는 닫아둔 창이 무색하리만큼 청아한 소리로 새들이 합창하며 새벽을 알렸다. 제각각 다른 소리를 내지만 귀에 거슬리지 않았다.
 시내로 거처를 옮기고서, 한동안 새소리가 귓가에 맴돌아 고향 떠나온 나그네처럼 마음 둘 곳이 없었다. 아쉬운 마음으로 집안의 좁은 마당에 새들의 놀이터를 만들어 보았다. 놀이터라 하여 거창할 것도 없다. 장독대 위에 큼지막한 장독 소래기를 수반 삼아 물을 넉넉히 받아 두고 부레옥잠 하나 띄워 놓으면 되었다. 이른 아침 참새들이 빼곡하게 둘러

앉아 저희끼리 한참을 재잘대는 것을 시작으로, 온종일 이름 모를 새들이 제집 드나들 듯 들락거렸다. 우리 집이 저희깐에는 안심이 되었는가. 집 모퉁이 아늑한 곳에 참새가 둥지를 틀고 두어 개씩 알을 낳아놓기도 했다.

지금은 놀이터가 없어도 아침이면 이런저런 새들이 쉼터에 들르듯이 화단이나 집 둘레 난간에 앉아서 쪼로롱 거리며 쉬어간다. 산 아래 동네에 살 때처럼 새들의 오케스트라 연주는 듣지 못하지만, 간혹 운 좋은 날에는 2중주 정도는 들을 수 있다. 수돗가 양동이에 무시로 드나드는 새들을 위해 그득하게 물을 받아두었다.

삼십여 년 전 위암 말기 진단을 받으신 시아버님을 우리는 속수무책으로 돌아가실 날을 기다리는 불효자식들이었다. 아버님께서는 죽으면 새가 되어 여기저기 훨훨 다니고 싶다고 하셨다. 오래전에 돌아가셨지만, 가끔 그 생각이 떠올라 새들이 예사로 보이지 않는다. 돌아가시기 전 의식을 잃으셨다가 깨어나신 아버님께서 꿈 이야기를 하셨다.

바라신 대로 꿈속에서 새가 되어 하염없이 날다가, 어느 동굴에서 입구를 찾지 못해 한참을 헤매셨다고 하였다. 입구를 끝내 찾지 못하셨으면 그대로 저승길이었을 테지만 어찌어찌 간신히 갔던 길을 되돌아 나올 수 있었다는 이야기였다.

의식을 잃으셨다 깨어나신 아버님은 생기를 찾으시고 병

상을 털고 일어나실 것처럼 자손들을 안심시켰다. 그러고는 다음 날 육십삼 세 아직은 청춘에 황망하게 가셨다. 아버님의 꿈 이야기는 무언중에 마음이 쓰였다. 집에서 치르는 장례식 내내 수돗가를 맴돌던 새 한 마리를 가족 모두 예사로 볼 수가 없었다. 불교의 윤회설을 딱히 믿는 것도 아니었지만 아버님을 잃은 슬픔 속에서도 마음 한편이 편하지 않았다.

아버님 돌아가신 후 바쁜 일상으로 더러 잊으며 몇 달이 지났다. 어느 날 밤 새 소동이 벌어졌다. 집안에 새가 들어온 것이다. 불이 환하면 숨어 있다가 자려고 불을 끄면 날아다녀서 쫓으려 해도 쫓을 수가 없었다. 낮에는 보이지 않다가 밤만 되면 나타났다. 낮 동안 창문을 모두 열어놓고 집을 비우고 있어도 나가지 않고, 밤만 되면 어김없이 휘젓고 다녔다. 사나흘을 그렇게 쫓으려고 애를 쓰다가 갑자기 아버님 꿈 생각이 났다. 밤마다 나타나는 이 새가 필시 아버님이 새로 환생하시어 우리 곁에 오신 건 아닐까. 우리는 새를 보며 아버님인 양 함부로 하지 못했다.

그렇게 며칠이 지났다. 아침에 화분 손질을 하다가 다복한 군자란 사이에 조그맣고 이상한 생쥐처럼 생긴 것이 붙어 있는 것을 보았다. 놀라서 이웃 어른을 불러 물어보았다. 박쥐라고 했다. 실제로 박쥐를 본 것은 그때가 처음이었다. 그것이 밤마다 우리를 놀라게 한 새의 정체였다. 박쥐가 어떻게 집으로 들어왔는지는 지금도 의문이다. 박쥐가 낮에는 숨어 있다가 밤에만 출몰하여 우리를 놀라게 하였다. 그동안 박쥐를 몰라보고 마음 졸이며 지낸 것이 바보 같고 어이가 없었지만, 한옆으로는 새가 되고 싶다던 아버님 말씀이 손톱 밑 가시처럼 아팠다.

아버님이 새가 되기를 바랐다 한들 그것은 고단한 삶에 대한 한탄이셨을 거라는 생각이 든다, 조실부모하고 어린 나이에 혈혈단신이 되셨던 아버님이다. 식솔들 건사하느라 내 몸 망가지는 줄 모르고 살다가, 생의 끝자락에서 어떤 심정이셨는지 가늠할 수가 없다.

어깨를 누르던 삶의 짐이 너무 무거워 내세에서는 새가 되어 자유로이 날아다니고 싶다고 생각하신 것일까. 크게 욕심 부리지 않고 땅 일구는 농부로 평생을 선하게 사셨던 아버님. 원하던 대로 새가 되셨을지 그 누가 알겠는가. 내세가 있다면 그곳에서는 편안하고 복된 삶을 누리셨으면 하는 바람이다.

나란히 앉은 새들의 한가로운 소리가 길어진다. 혹여 아버님의 영혼이 새로 환생하여 사람 주변을 맴도는 것은 아닐까. 이런 엉뚱한 생각으로 슬며시 난간에 앉은 새들을 살핀다.

'쪼로롱 쪼르륵 짹짹 짹'

'그저 사는 동안 맑고, 착하게나 사시게!' 이렇게 들리는 듯하다.

수선화

 겨울이 한 발을 빼지 않고 있는 이른 봄부터 수선화를 사려고 꽃집을 돌아다녔다. 집안에 두고 보다가 따뜻할 때 마당에 심을 요량이었다. 꽃집마다 노란색 한 가지로 된 작달막한 수선화가 많았다. 마음에 담아둔 수선화를 사려고 곳곳을 다녀 봤지만 찾지 못했다. 내가 찾는 것은 미백색 홑겹 꽃잎들이 둘레를 받치고, 초롱꽃 모양의 진노랑 꽃잎이 꽃술을 감싸고 있는 매끈하게 흰칠한 수선화였다.

 이십여 년 전 집안 어른들과 서해안 다녀오는 길에 수덕사를 들렀었다. 그때 절 올라가는 길목에서 사가지고 온 수선화 모양이 그랬다. 계절이 이때쯤인지 싶다. 절 아래 노점상들이 팔고 있는 물건들 속에 수선화가 있었다. 꽃이 눈에 띄게 예뻐서 몇 뿌리 사가지고 와서 마당 한쪽에 심었다. 해마다 꽃 피고 새순도 틔워서 한 해 걸러 싹을 떼어 꽃을 늘렸다. 촉이 올라오고 꽃이 필 때까지 온통 수선화에 마음이 가 있었다.

그렇게 여러 해 동안 꽃을 가꾸다가 마당이 없는 집으로 이사하면서 옮겨오지 못한 아쉬움이 남아 있었다. 옥상에 화단을 만든 해 봄, 그 수선화를 다시 보고 싶었다.

나들이하기 겸 수선화를 사려고 수덕사에 갔다. 절 아래 노점이나 상점들을 천천히 둘러보다가 보리 싹처럼 뾰족한 수선화 촉을 욕심껏 사 왔다.

수선화 꽃밭을 상상하며 옥상 화단 앞쪽 잘 보이는 곳에 줄 맞추어 서너 줄 심었다. 어른 손가락 길이였던 수선화는 자리 탓하지 않고 뿌리를 잘 내렸다.

그동안 모란은 꽃봉오리를 밤톨만큼 물고 있었고, 두런두런 꽃 잔치가 한창이었다. 수선화를 심은 지 스무날이 넘었다. 봄이 다 가고 있었다. 아무리 헤집어 봐도 꽃대는 올라오지 않았다. 수선화 모종은 한여름까지도 꽃을 피우지 못한 채 잎만 너풀거리다가 그마저도 시들어지고 없어졌다. 잊고 있었다.

너댓 살쯤의 아기 때였다. 수선화를 닮은 여인이 있었다. 하얗던 얼굴은 어렴풋하지만 입고 있던 옷 모습은 기억 속에 있다. 다홍치마에 노랑 저고리가 어여쁜 새색시였다.

집에는 아무도 없었고 조용하던 한낮의 마루 끝이 나른하게 기분 좋은 날씨였다. 종이 함지에 나를 앉혀놓고 밀고 당기며 어르던 노랑 저고리를 입은 박속같이 뽀얗던 새댁 모습이 따뜻하게 남아 있다. 언제부터인지 모르게 그 새색시가 수선화를 닮았다는 생각이 들었다. 새댁이 입고 있던 노랑 저고리 때문일지도 모른다.

어느 날 다홍치마에 노랑 저고리를 입은 새색시가 아버지와 함께 왔다. 대문에 들어서는 새색시가 내 눈에는 선녀처럼 고왔다. 그 여인과 아버지는 지극히 서로를 좋아하는 모습이 보였다. 가르쳐 주지 않아도 둘 사이에 흐르는 애틋함이 어린 나에게도 전달되었다. 엄마와 아버지 사이에는 느끼지 못하던 살가움이었다.

새색시를 아버지처럼 나도 물색없이 좋아했었나 보다. 안아주고 어르고 할 때의 살갗에 닿는 보드라운 촉감도, 엄마와는 다른 달짝지근한 분 냄새도 좋았다. 곱고 예쁜 새색시가 엄마라고 생각했을지도 모른다. 색시도 나를 귀여워했던 기억이 아슴아슴하다. 수선화가 피기 시작하면 하얀 얼굴에 노랑 저고리를 입었던 새색시 얼굴이 알 듯 말 듯 그리워진다.

수선화를 볼 때마다 생애에 가장 아름답게 꽃 필 시기에 처자식 있는 남자에 속아 우리 집으로 시집온 새색시와 겹쳐 보였다. 수선화 닮은 새색시는 한 해 만에 다홍치마 노랑 저고리 다 남겨놓고 떠났다. 그러고는 예순 해가 넘도록 스쳐서라도 만나지 못하였다.

초가을 어느 날부터였다. 수선화 잎들이 다 지고 없는 자리에, 아무것도 보이지 않던 곳에서 꽃대가 거짓말처럼 꼿꼿하게 올라왔다. 꽃대는 아주 높았다. 다다를 수 없이 높은 그곳에 주홍빛 꽃들을 얹어 놓았다.

그해 겨울은 유난히 추웠다

 우리 가족에게 아버지 자리는 늘 비어 있었다. 아버지는 없었지만, 조부모에 삼촌들, 고모까지 함께 살았기에 아버지의 부재를 느끼지 못하였다. 어쩌다가 아버지가 집에 오는 날이면 낯설고 불편했다. 나는 집에 오지 않는 아버지를 그리워한 적도, 야속하게 여긴 적도 없었다. 아주 가끔 살갑게 아버지를 반겼으면 어땠을까 하는 늦은 회한으로 마음이 저릴 때가 있다.

 오십여 년 전 중학교 입학을 손꼽아 기다리던 때였다. 타지에서 남처럼 살던 아버지가 서너 달 전부터 엄마에게 이혼을 요구하며 집안에 분란을 일으켰다. 아버지의 성화로 가족 모두가 힘들어 했다. 견디다 못한 엄마는 이혼하겠으니 위자료를 달라고 해버렸다. 대책 없이 불쑥해버린 말 같았다.

 그러고 얼마 지나지 않은 설날, 아버지와 함께 아버지의 여자는 명절을 핑계로 점령군처럼 들이닥쳤다. 아버지의 여자는 달력에서나 봤음 직한 신여성 차림이었다. 아버지 혼자 왔을 때의 불편한 마음과는 다르게 울분이 솟구쳤다. 누구도 눈치 채지 못했지만 나는 엄마를 지키기 위해 온 정신을 쏟았다. 그 여자는 돈뭉치를 꺼내며 엄마에게 이 돈 먼저 받고 서류가 정리되면 나머지를 셈할 것이라고 했다. 아버지를 이길 재간 없는 가족들은 그저 안타까워할 뿐이었다. 엄마는 명절이나 지나고 이야기하자며 그 시간을 피하고 싶어 하였다.

 아버지와 아버지의 여자는 이야기를 마무리 짓지 못하고 갔다. 명절을 보낸 엄마는 아무 일 없었던 것처럼 평소와 다름없이 생활했다. 엄마의 아무렇지 않은 모습이 불안하여 눈치를 살피며 주변을 맴돌았다. 그렇게 하루 이틀 긴장하며 지나던 날 늦은 밤이었다. 엄마는 내게 작은 수첩 하나를 쥐어주며 무슨 말인가를 하였다. 그날의 말은 기억에 없고 수첩 모양만 선명하게 남아있다. 그 밤 나는 가슴이 쪼그라드는 것 같아 쉽게 잠들지 못했다. 늦도록 잠을 설치다가 안채에서 달그락달그락 밥 짓는 소리를 들으며 새벽에 까무룩 잠이 들었다. 잠결에 할머니께 하는 엄마의 말소리에 놀라서 일어나 보니 엄마는 이미 대문 밖을 나가서 보이지 않았다. 나는 할머니가 부르는 소리를 뒤로하고 일어난 그대로 따라나섰다. 속바지 차림으로 숨바꼭질하듯이 엄마 뒤를 밟았다. 엄마는 내가 아직 늦잠을 자는 줄만 알았을 것이다.

추위로 모래알이 곤두선 신작로를 눈물바람하며 따라갔다. 푸르스름한 스웨터를 걸친 엄마가 푸릇하게 보이기도 하고 보이지 않기도 하였다. 보고 있지 않으면 사라질 것만 같은 두려움으로 놓치지 않으려고 애를 쓰며 무작정 걸었다. 엄마는 긴 신작로를 지나서 다리 건너 시내 쪽으로 향해 가고 있었다. 나는 학생들이 줄지어 가고 있는 다리 초입에 막 들어섰다. 설 명절 끝자락의 이른 아침 추위가 홑바지 속으로 살을 베일 듯이 파고들었다. 방금 떠오르기 시작한 햇살조차도 얼려 버릴 것만 같은 쨍한 추위였다. 무심천 다리 아래 냇물은 살얼음을 덮고 막바지 추위를 견디는 듯하였다. 줄지어 가는 여학생들 모습이 햇볕에 비추어 살구꽃 무리처럼 화사했다. 헌 스웨터를 끌러서 색색까지 털실로 짠 속바지 바람의 내 차림새가 그제야 보였다. 보름 후면 중학교에 입학하여 이 학생들과 선후배로 함께 하게 될 것을 생각하니 몸이 움츠러들었다. 부끄러움은 추위보다 더 크게 열세 살 소녀이던 나를 옥죄었다. 창피함을 무릅쓰고 학생들을 외면하며 멀리 앞서가는 엄마를 종종걸음으로 뒤따랐다.

엄마는 나의 두려움도, 부끄러움도 상관없이 자꾸만 시내

안쪽으로 갔다. 그러다가 파출소 건너편 약방 앞에 잠시 멈춰서더니 쭈뼛거리며 약국으로 들어섰다. 나는 약국에 따라 들어갈 용기가 없었기에 멀찌감치 전봇대 뒤에 숨어서 엄마가 나오기를 기다렸다. 전봇대처럼 뻣뻣하게 몸이 얼어버릴 것처럼 되었을 때 엄마가 약국에서 나왔다. 푸르스름한 엄마는 손수건을 움켜쥐고 넋 나간 사람처럼 집을 향하여 걸었다. 집으로 돌아가는 엄마를 멀찌감치에서 언 몸을 웅크리며 타달타달 따라갔다. 그날의 엄마는 낯설어서 가까이 갈 수가 없었다.

시내를 다녀온 후 나는 잠시도 엄마에게서 눈을 떼지 못했다. 약방에서 무엇을 했는지 묻지 못한 채 할머니께 아침 일을 귀띔하고, 그저 눈치만 살폈다. 저녁을 먹고 평소대로 설거지를 마친 엄마가 젖은 손을 닦으며 부엌에서 나올 때 아버지가 다시 왔다. 아버지 혼자였다. 엄마 결정을 들으려고 왔을 것이다. 온 가족이 안방에 모인 가운데 엄마는 아무 말도 하지 않았다. 그 시간이 너무나 엄숙하고 길었다. 아버지의 맥락 없이 설득하는 소리만 간간히 이어졌다. 이른 아침부터 추위로 떨고 헤매며 마음고생이 많았던 나는 어느 순간 잠이 들었다.

눈 떠보니 아침이었다. 엄마는 죽은 듯이 할머니 방에 반듯하게 누워 있었다.

"엄마는 푹 자고 일어나면 괜찮을 테니 걱정 말거라."

큰집 당숙이 말했다. 내 머릿속은 놀람과 무서움으로 아버지에 대한 미움이 바늘 끝처럼 곤두섰다. 할아버지는 긴 곰방대로 한숨을 토해내셨다. 할머니는 울고 계셨고 당숙은 혀를 찼다. 고모는 근심 어린 얼굴로 흰죽을 끓였다. 엄마는 실눈을 뜨고 말을 못하고 있었다. 우리를 아는지 모르는지 자는 듯이 보였다. 삼촌과 아버지는 윗방에 있으면서 나와 눈을 마주치지 않았다. 어린 동생이 가슴을 파고들어도 엄마는 이틀 밤낮, 실눈을 뜨고 잠만 잤다. 그러고는 저녁나절쯤 부스스하게 일어나더니 혀가 꼬인 어눌한 말투로 절대 이혼은 못 하니까 돈 가지고 가라고 아버지를 보냈다. 아버지는 두말도 못하고 가 버렸다.

이런 일이 있고 난 뒤 청소년기 내내 엄마가 어디로 없어질 것만 같은 불안에 시달렸다. 머리가 엉클어진 채 혀 꼬인 말을 하던 엄마가 뇌리에서 떠나지 않았다. 아버지는 신여성에게 호적을 올려주고 싶어서 애면글면하면서도 엄마에게 함부로 하지는 못했다. 거기에 할아버지 할머니의 엄마에 대한 믿음은 눈물겨울 정도였고 어른이 된 삼촌들과 고모는 끝까지 엄마의 호위무사였다.

평생을 가족에게 신뢰받지 못하고 밖으로 돌며 살던 아버지는 어머니보다 먼저 돌아가셨다. 마음이 여리고 줏대가 없던 아버지는 당신 뜻대로 삶을 살지 못했으므로 외롭고 고단한 일생을 보냈을 거라는 생각이 든다. 어머니는 얼마 동안 한풀이하듯이 곡을 하고 아버지를 떠나보냈다.

어머니는 가부장제하에서 여자로서의 삶을 온몸으로 견뎠다. 우리의 엄마로, 집안 대소사를 챙기는 맏며느리로, 어느 것에도 소홀함 없이 할 일을 다하며 살아냈다. 어머니가 하늘로 가신지도 다섯 해가 지났다. 나는 어머니가 생전에 계실 동안 그 겨울 일을 말하지 않았다. 내 말은 들어보지도 않고, 어머니는 '세상사 살아보니 별것 아니라'며 훌쩍 가셨다. 그해 겨울은 유난히 추웠다.

수심을 쓸어내는 빗자루

 어머니는 젊어서부터 담배를 즐겨 피웠다. 돌아가시기 전까지 담배에 미련을 버리지 못하고 지니고 있었다. 시름을 내려놓고 한숨을 감추듯이 피우던 모습이 잊혀지지 않는다. 몸에 해롭다고 온 식구가 말려도 소용이 없을 만큼 어머니는 담배를 좋아하였다. 밀밭 근처만 가도 취한다며 술은 한 모금도 못하는 어머니였다. 말수 없이 얌전하시고 솜씨도 남달랐던 어머니의 최대 약점이 담배를 피우는 것이었다. 천식으로 기침도 심하고 숨차 하면서도 한 개비 불을 붙이면 손끝이 타들어갈 만큼 알뜰하게 피워버렸다. 정 피우려면 반쯤 피우다 버리라 해도 어머니가 핀 꽁초는 항상 야박하게 짧았다. 그렇다고 애연가들처럼 줄담배를 피우는 것은 아니었다. 한 갑 가지면 사나흘 태웠으니까. 식사 후나 쉴

참, 잠들기 전에 주로 한 개비씩 맛나게 피웠다. 그럴 때 어머니는 세상 근심 모두 초연한 사람처럼 보였다.

어머니가 담배를 배운 것은 어머니 나이 서른 초반으로 내가 아주 어릴 때부터였다. 아마 동네에 비슷한 나이 분들이 혼자 사는 어머니에게 가르치며 함께 피웠던 것이 아닐까 하고 짐작하고 있다. 처음엔 우리 방에서 살금살금 피웠으므로 집안 식구 중에 그 사실은 나와 어린 동생만 알았다. 우리는 시키지 않아도 비밀로 해야 함을 본능으로 느꼈다. 열 식구 넘는 대가족 속에서 비밀을 지키느라 나와 동생은 무던히도 마음을 졸였었다. 누가 가르쳐 주지 않아도 어머니가 담배를 피울 때 편안해한다는 것을 알았다. 어린 동생마저도 엄마의 그 느낌을 알았던 것 같다. 우리는 어머니가 편안하길 바라며 비밀을 잘 지켜냈다.

숨어서 조심스레 담배를 피우던 어머니는 언제부터인지 내 친구들이 와도 아무렇지 않게 피웠다. 친구들 보기에 창피해서 어머니가 야속했었다. 지금 생각하면 어머니가 무슨 낙이 있었을까 싶지만, 그때는 어린 마음에 어머니의 담배 피우는 모습이 부끄러웠다. 남편은 평생을 밖으로만 돌고 기댈 친정도 없던 어머니가 메우지 못할 허전함이 많음을 알기에는 내가 너무 어렸다.

숨기고 감추었지만 어머니가 담배 피우는 것을 할머니가 아시게 되었다. 어떻게 알게 되셨는지는 지금까지도 모른다. 할머니가 장에 다녀오시는 날이면 나에게 담배를 몇 갑씩 쥐어주며 어머니 경대 서랍에 넣어놓으라 하셨다. 할머니를 시작으로 삼촌들도 틈나는 대로 어머니에게 주라며 슬며시 담배 한 갑씩을 쥐어 주었다. 언제부터인지 어머니가 담배를 태우는 것이 집안에서 공공연한 비밀이 되어 마음이 놓였다.

혼자 사는 며느리의 속내를 시어머니가 모르지 않았을 것이다. 며느리가 담배를 피우며 흩어지는 연기로 잠시라도 위로와 위안을 받는다고 여기셨을지도 모른다. 할머니는 어머니를 늘 애틋하게 여기셨다. 며느리를 살피는 할머니의 유난한 애정은 할머니가 돌아가실 때까지 이어졌다. 담배 몇 갑으로 표현할 수 없는 할머니의 마음을 이제는 나도 알 것 같다.

어머니는 담배를 평생 끊지 못하셨다. 보는 대로 타박하는 딸들 눈치를 좀 보셨지만 여전히 피셨다. 천식이 심해져 담배가 해로운데도 불구하고 끊지 않으셔서 마음이 쓰였다. 어떤 때 어머니는 딸 눈치 보느라 피우고 싶어도 참느라 심란해하는 모습이 역력했었다. 어머니의 근심이 잠시라도 연기에 실려 흩어지도록 편안하게 피도록 모른 척했어야 옳았나 하는 생각도 든다.

사위가 드리는 담배 한 개비를 쑥스러운 모습으로 받아들던 어머니 모습이 떠올라 슬며시 웃음이 난다. 사위와 담배를 나누며 그동안 하고 싶던 이야기를 맘 상하지 않게 하려고 애쓰던 어머니 때문이다. 딸이 사위 때문에 속을 끓여도 '자네 왜 그러나' 소리 한번 못하는 야속하리만치 답답하던 어머니였다. 어쩌다 할 수 있는 최고의 나무람도 담배를 빌어야만 몇 마디 했다. 사위와 장모가 마주 담배를 피우며 두런두런 이야기하던 모습도 다시 볼 수 없는 그리움으로 남았다.

우리 자매 그럭저럭 살게 되었을 때 어머니는 시름을 놓은 듯이 하늘로 가셨다. 어머니가 담배 때문에 오래 사시지 못한 것 같아 마음이 아프지만, 담배는 어머니의 가장 친근한 벗이었다. 어느 책에서 보던 글귀처럼 어머니에게 담배는 수심(愁心)을 쓸어버리는 빗자루였다. 담배를 깊이 들어 마시고 가슴 속 응어리를 한숨으로 토해내신 어머니의 한 서린 삶도 이제는 옛말이 되었다.

엄마가 그리운 날

 엄마는 우리 생일에 유난히 마음을 썼다. 엄마에게 딸 둘은, 아버지와 연결해주는 끈이었고 아버지 없이 하는 시집살이의 명분이 아니었나 싶다. 생일을 잊지 않고 챙긴 것은, 아버지가 없어도 딸들이 기죽지 않기를 바라며 귀한 존재임을 심어주고 싶었던 것이라 짐작한다. 세상이 온통 초록으로 설레는 음력 오월 초하루가 동생 생일이다.

 "내일은 언니 집에 와서 밥 먹어."

 생일인 동생에게 생전에 엄마가 하듯이 집으로 오라고 하였다. 입속말을 우물거리며 괜찮다 하는 동생을 꼭 오라며 약속을 받았다. 동생만을 위하여 생일에 밥 한번 해주고 싶었다. 동생을 낳고 애달파 하던 엄마를 대신해서.

어릴 적 우리 집은 번듯하게 상차림을 하지는 않았지만, 식구의 생일은 잊지 않고 챙겼다. 예닐곱 될 때까지 윗목에 깨끗하게 씻어놓은 짚을 정갈하게 깔고 쌀밥에 미역국, 수수팥떡, 냉수를 놓았던 기억이 있다. 할머니는 손을 모으고 마른 손바닥에 서걱거리는 소리가 나도록 한참씩 성심을 다해서 아이가 무탈하게 자라기를 비셨다. 동생과 나이 차이가 있다 보니 동생 생일에 하는 할머니의 기도를 보며 자랐다. 엄마처럼 할머니도 우리 생일에 유별나셨다. 할머니는 손녀들 생일에 아버지를 대신해 주고 싶었을 것이고 남편 없이 시집살이하는 며느리에 대한 배려가 아니었나 싶다.

평소에는 쌀이 조금 섞인 할아버지 밥을 먼저 뜨고 나면 나머지 식구는 거의 보리밥을 먹어야 할 만큼 생활이 넉넉하지 못했다. 가족 중 누군가 생일이면 그날은 예외로 쌀을 좀 더 넣어서 밥을 하지 않았나 싶다. 밥도 국도 어른, 아이 가리지 않고 생일인 사람 것을 맨 먼저 담았다. 그렇다고 밥상에 눈이 번하도록 반찬이 많은 것은 아니었다. 불린 미역을 자르지 않고 집 간장에 참기름 한두 방울로 조물조물해서 맹물에 끓인 따끈한 미역국이면 생일상으로 족해야 했다. 어릴 때 습관 때문인지 지금도 나는 고기 넣은 미역국보다 맹물에 끓인 미역국을 좋아한다.

딸이 결혼한 후에도 전에 그랬던 것처럼 엄마는 빠지지 않고 해마다 생일을 챙겼다. 미역국에 짭조름한 고등어를 굽고 겉절이를 맛나게 버무려 놓으셨다. 어릴 때 맘껏 먹지 못한 흰쌀밥을 지어놓고 엄마 집으로 부르든지 우리 집으로 당신이 오시든지 해서라도 그리하였다. 편찮으시고부터는 내 생일엔 동생에게 연락해서 언니 생일이라고 알려서 잊지 않도록 하였고, 동생 생일이 다가오면 바쁜 내가 깜빡할까 봐 두어 번씩 연락했었다. 생일에 유난하던 엄마는 계시지 않지만, 동생을 낳고 넋 놓고 있던 엄마 모습이 선연하다. 동생 생일이 다가올 때면 해마다 그 기억이 덧난 상처처럼 쓰리다.

 어쩌다가 엄마가 동생 출산하는 모습을 지켜보았다. 먹어서 없애버린 밥그릇 숫자만큼 실타래 엉키듯 머릿속이 복잡하지만 엄마가 동생을 낳던 날 기억은 또렷하다. 햇살이 화창하던 이른 아침, 조용한 집에는 나와 엄마뿐이었다. 할아버지 할머니는 겨울에 미리 받아 쓴 장리쌀 빚을 갚느라 하루도 빠짐없이 모내기하러 다니실 때였다.

 "어머니, 오늘은 집에 계셔주세요."

 할머니께 하는 엄마의 말을 들었다. 하지만 근동 아이를

다 받아내다시피 한 할머니는 아직은 아기가 나올 때가 아니라고 하였다. 엄마 말을 듣고 모심기에는 가지 않았지만 읍내 볼일이 있다며 장에 가셨다. 푸성귀를 팔아서 산바라지 할 것을 사오려 했다고 할머니께서 훗날 말씀하셨다. 할머니가 읍내 가신 뒤 얼마 지나지 않고서부터 엄마는 아픈 기색이 역력하게 보였다. 어둠침침한 방안에는 누런 부대 종이가 한가득 펼쳐져 있었고, 엄마는 이를 깨물며 살점을 베는 듯이 신음을 하였다. 나는 엄마를 보며 울었고 엄마는 핏기 잃은 얼굴로 울음을 삼켰다. 엄마가 다급하게 당숙모를 불러오라고 하였다. 개울 하나 사이를 두고 있는 큰집으로 한달음에 갔더니 마침 당숙모가 있었다.

"엄마가 배 아프대요."

말을 듣자마자 아무 말도 묻지 않고 당숙모는 우리 집으로 단걸음에 뛰어왔다. 당숙모 오고 얼마 지나지 않아 동생의 울음이 큰소리로 들렸다. 딸이라고 말하는 당숙모의 힘없는 소리를 마루 끝에서 들었다. 엄마는 넋이 나간 듯 동생을 보며 소리 없이 울고 있었다. 엄마 울음이 내 속을 적셔서일까, 나는 이유도 모르며 슬펐다. 오래지 않은 훗날 알았다. 동네 사람 모두가 엄마가 아들 낳기를 한마음으로 빌었다는 것을. 밖으로만 떠도는 아버지가 아들이 없어서 집으로 오지 않는다고 여겼기 때문이었다. 그렇게 동생은 음력 오월 초하루 모내기로 한창 바쁜 아침나절 우렁찬 울음소리로 태어났음을 알렸다. 동생은 나에게 한없이 안쓰러운 피붙이다. 할머니 성화에 못 이겨 딱 두 달 꿈결같이 엄마에게 다녀간 아버지 덕분으로 여섯 살 터울의 동생이 생긴 것이다. 화창하던 날씨와는 다르게 가라앉았던 집안 분위기와 엄마의 속울음이 잊혀지지 않았다.

  나이가 들수록 엄마가 계시지 않는 생일은 참 쓸쓸하다. 동생 생일은 엄마 대신 꼭 챙겨야겠다고 마음을 다져 먹고도 자꾸만 잊고 지나간다. 지난해에도 달력에 동그라미 표시를 했음에도 불구하고 모르고 또 그냥 지나쳤다. 여러 가지 일들로 경황이 없었고 기억을 못 하기도 해서 마음과는 다르게 챙기지 못하였다.

  올해는 잊지 않고 있다가 동생을 집으로 불러서 소박하나마 생일상을 차렸다. 맹물에 미역국을 끓이고 동생이 좋아하는 반찬 몇 가지에 엄마가 하듯이 쌀밥을 소복하게 푸다가 목이 메었다. 동생은 미역국에 눈물을 담방 담방 떨어뜨렸다.

화해

 꿈을 꾸었다. 옥색 한복을 생시처럼 곱게 차려입은 할머니와 친구 분들이 아버지를 빙 둘러섰다. 언뜻언뜻 보이는 아버지는 성글게 짠 누런 삼베 천을 감싸 두르고 있었다. 할머니 친구 분들은 신바람이 난 듯 파안대소 노래 부르며 손뼉 치고 아버지를 환영했다. 이상한 꿈이었다.
 같은 시내에 살면서도 아버지 소식은 자주 듣지 못했고 궁금해 하지도 않았다. 그렇게 수년을 지냈는데 뜬금없이 꿈에 보인 것이다. 그것도 심상치 않은 모습으로 보인 것에 온종일 일이 손에 잡히지 않았다. 어려운 숙제하듯 마지못해 고모께 전화하여 지나가는 말처럼 아버지 근황을 물었다.
 고모 말로 핏줄이 당기는가 보다고 하며 아버지가 며칠 전 병원에서 폐암 말기 진단을 받았다고 하였다. 온 힘을 다

해서 팽팽하게 당기고 있던 줄을 한쪽에서 맥없이 놓아버린 느낌이었다. 생각하지 않는다고 하면서도 나 자신도 모르게 마음이 쓰였었나 보다. 아버지에게 어떤 좋지 않은 일이 있다 해도 아무렇지도 않을 것만 같았다. 하지만 평소의 생각과 달리 다리에 힘이 풀렸다.

긴 세월 원망과 애증의 대상이던 아버지였다. 집 위치를 알아내고 찾아갔다. 단칸방에 어울리지 않는 고풍스러운 가구들이 흘러간 영욕(榮辱)의 시간을 스산하게 보여주고 있었다. 그렇게도 야속하던 지나간 날들이 아무것도 아닌 것처럼 마음이 무너졌다.

이미 치료 시기는 놓쳤다고 하였다. 맛난 것 실컷 먹고 즐겁게 살다 가면 된다고, 아버지는 심드렁하게 말하였다. 부모, 형제, 처자식까지 팽개치면서 집 밖으로 돌며 살았던 아버지였다. 긴 세월 좋다 하고 따르던 사람들 다 떠나고 아버지 곁에는 아무도 없었다. 희망 없이 병은 깊었고, 찾아올 사람 없는 외로운 노인이었다. 이 노인을 두고 내가 무엇을 겨루고 억하심정을 가질 수 있을까.

드시고 싶은 것 있으면 이야기하시라 했더니 시원한 맥주와 회를 먹고 싶다 하였다. 맥주에 회 한 접시를 사다 드렸더니 근심을 잊은 듯이 맛나게 드셨다. 두 달여간 몇 번 더 찾아뵈었지만, 통증으로 더 이상 집에 있을 수가 없게 되었다.

병원 입원 후에는 강한 진통제 때문인지 자다가 눈뜨면 헛소리가 반이었다. 그러다 맑은 정신이 돌아오면 당신의 덧없는 인생을 후회하고 있었다. 본인이 시절을 잘 못 만나 그렇게 방황을 했노라 하며 시절 원망을 하다가도, 네 엄마와 너희에게 미안하다는 말을 반복하였다. 많은 이야기로 이승과의 작별을 준비하는 것처럼 보였다. 그렇게 비몽사몽 며칠이 지나고 어느 순간부터 아버지는 동생을 찾았다.

　불혹을 넘긴 동생은 태어나서 단 한 번도 아버지라고 불러본 적이 없었다. 마주한 적도 열 손가락이 남을 만큼 적었다. 어려서 일들은 다 그만두고라도 심지어 한동네 살면서 아버지는 동생의 결혼식 때조차 참석하지 않았다. 그동안 하지 못한 아버지 자리를 지킬 수 있는 마지막 기회마저 버렸다. 동생이 안쓰러운 마음은 둘째치고 같은 동네 살고 있는 사돈에게 면목 없고 부끄러웠다.

　공교롭게도 아버지와 함께 사는 여자의 딸 결혼이 동생 결혼과 겹쳤다고 했다. 그 일이 동네 사람들에게 말거리를 만들어주었다. '본인의 딸 결혼식에는 참석하지 않으면서 남의 자식 결혼에 혼주로 간다더라.' 며 대놓고 흉보는 소리를 들었다. 그쪽 딸에게 혼수를 바리바리 해주었다는 부풀려진 소식까지 듣다 보니 동생에게 마음이 쓰였다.

　결혼식 하던 날, 동생은 숙부의 손을 잡고 신부 입장을 했다. 신랑, 신부 함께 입장하는 것은 생각조차 못할 시절이었다. 어머니는 울지 않으려고 입술을 피가 맺히도록 물었다. 그때부터 다시는 아버지를 보고 싶지 않을 만큼 마음에 옹이가 박혔다.

 그러던 아버지가 임종을 앞두고 내게 사정을 하였다.

 "네, 엄마에게나 너에게도 잘못한 것이 많지만 누구보다 네 동생에게 너무 잘못했다. 단 한 가지도 네 동생을 위해 해준 것이 없구나. 그 애가 오면 죽기 전에 용서를 빌고 싶다."

 아버지는 진심으로 동생에게 용서를 빌고 싶어 했다. 나는 아버지 마지막 가는 길이니 함께 하자고 동생을 불렀다. 아버지라 한 번도 부르지 않은 동생과 딸 이름 한번 부르지 못한 아버지는 죽음을 앞두고 마주하였다.

 "애야, 용서해라. 다른 사람 다 그만두고 너에게는 용서를 바란다. 내가 너에게는 할 말이 없을 만큼 너무 잘못했구나. 내가 죽을 임시에 이러는 것이 염치없고 미안하다."
 "알았어요. 아버지, 걱정하지 마시고 편히 가세요. 다 지난 일인걸요. 저는 괜찮아요."

 맺힌 것이 태산같이 많았을 동생은 그 산을 일시에 허물고, 처음이자 마지막으로 아버지라 부르며 편하게 보내드렸다.

우렁각시

 할머니 품은 넉넉하였다. 넓은 그 품 안에서 가난한 줄 모르고 어린 시절을 보냈다. 동네 가운데 살면서 워낙에 인심 좋은 할머니 덕으로 집에는 마실꾼이 끊이지 않았다. 방물장수가 오는 날이면 아랫동네 윗동네 다니다가 으레 우리 집에서 저녁밥을 해결했다. 그런 날 방물장수 할머니는 우리와 한 타령으로 잠자리에 들었다. 아침 밥상머리에서 꿀 두어 수저 덜어 주는 것으로 방물장수 할머니는 인사를 대신하였다. 일없는 겨울 점심에는 삼촌 친구들이 한 패씩 몰려와서 마루 끝에 걸터앉아 고구마에 신건지로 끼니를 이을 때가 적지 않았다. 식구 양식도 넉넉하지 않은 살림살이에 어떻게 그러셨는지 모르지만 할머니는 내남없이 인심이 후한 분이었다.

아등바등할 줄을 모르고 살다가, 결혼하고 난 뒤 생활이 급격히 각박해졌다. 남편을 좋게 말한다면 생활력이 강한 것이고 나쁘게 말하면 돈에 포한이 된 사람 같았다. 결혼하고 구멍가게를 서너 해 하는 동안 젖먹이와, 배 속에 작은 아이까지 생겼다. 큰아이는 업거나 방에 혼자 두고 가게를 보다가 젖을 먹일 때나 겨우 엄마 품에 안기었다. 가게 하면서 밥이며 빨래며 제때 하지 못하면 남편 눈치가 보였다. 그는 가게 문을 닫고 난 후에도 바로 잠을 자는 것이 아니었다. 진열대에 빠진 물건 정리해놓고 언제 잠드는지 모르게 잠깐 눈 붙이고 새벽시장을 다녔다. 잠시도 쉬지 않고 바지런하게 움직였다.

 야무지지 못한 나는 그를 따라가기에 벅찼다. 젖먹이가 있는 데다 홀몸도 아니어서 시도 때도 없이 잠은 쏟아졌다. 입덧하느라 먹지 못해서 얼굴에는 마른버짐이 허옇게 번지고 있었다. 그는 악에 받치듯이 살았으며, 나는 그런 그를 보며 지쳤다. 우리가 사는 집이 친정집과 그리 멀지 않았다. 사는 일이 힘들어 지쳐갈 무렵부터 할머니는 소리 없이 그림자처럼 다녀가셨다. 손녀사위가 없는 틈에 오셔서 아기 기저귀를 빨고 삶아서 뽀얗게 널어놓으시고 온다 간다 말없이 사라지셨다.

 "젊어 고생은 사서 하느라, 어린 나이에 저리 열심히 살라고 애를 쓰니 고맙지."

 할머니 하는 말은 매번 틀어 놓은 녹음기처럼 똑같았다. 빈말이라도 손녀 고생시킨다고 하지 않고 손주 사위 잘못한다고 싫은 소리 하지 않으셨다. 그 당시에는 할머니가 많이 야속했었다. 이제 와 그 시절을 돌아보면 아득하다. 할머니가 역성을 들어 나를 부추겼다면 살아내지 못했을지도 모른다. 그 중에도 잊혀지지 않는 고달픈 기억이 있다

 가게를 하고 있던 해 늦가을이었다. 동네에서 가까운 배추밭에 있는 배추를 통째로 사두고 김장 대목을 준비하였다. 사오천 포기 되는 양이었다. 시장에서 받아다 파는 것이 성에 차지 않은 그가 밭떼기로 사놓았다. 도와주는 사람을 구하는 것도 아니고, 우리 둘이 감당하기에는 어려운 일이었다. 나는 미리부터 일이 겁났다. 힘들다고 아우성치고 원망해도 소용없었다. 그는 욕심 넘치는 독재자였다.

 김장을 시작하고 힘에 부치게 일해서 반쯤 배추를 뽑아냈을 무렵이었다. 그를 원망하는 마음이 하늘을 찌르는 와중에 갑자기 한파가 닥쳐왔다. 배추를 그냥 두고 밤이 지나면 모두 얼어서 못쓰게 될 상황이었다. 그동안 팔았던 양으로는 본전은커녕 큰 손해를 보게 생겼다. 어쩔 수 없이 늦은 밤, 가게 문을 닫고 젖먹이를 동생에게 맡겨놓고 밭으로 갔다. 다행인지 달빛은 대낮같이 밝아서 흙살을 그대로 드러

내고 있었다. 할머니는 이미 오셔서 친정 막내 삼촌과 함께 배추가 얼지 않도록 한 포기씩 흙으로 감싸주고 계셨다. 한동네서 배추밭을 샀으니 할머니가 모를 리가 없었다.

할머니는 허술한 옷차림에 머리에 허연 수건을 두르시고 그림자처럼 배추밭에 붙박이가 되어 계셨다. 달빛은 환한데, 마음은 어둡고 죄송하여 불러오기 시작한 배를 끌어안고 배추밭 고랑에 코를 묻고 일만 했다. 말없이 일하시는 할머니 옆에서 아무 말도 할 수 없었다.

정신없이 일하다 보니 달빛이 사위어 희끄무레해지고 새벽이 푸르게 오고 있었다. 서리를 머리끝에, 코끝에, 허옇게 달고 나서야 일이 끝났다. 남편이 아침이라고 사가지고 온 우유와 빵을 목이 메어 먹을 수가 없었다. 할머니께 죄송해서 가슴팍이 뜨거웠다. 밤새 동생에게 맡겨진 젖먹이와 꼿꼿해진 배 안의 아기에게 미안했다. 스물여섯 젊음이 그냥 서러웠다. 그해 김장배추 사오 천 포기를 다 팔았다. 잊을 수 없을 만큼, 참 모질게 살았던 세월이었다.

할머니는 늘 그냥 괜찮다고만 하셨다. 할머니 당신은 아무래도 괜찮다 별일 아니다하시고, 나에게는 잘될 것이니 괜찮다고 하셨다. 내가 힘들어서 말할라치면 할머니는 이미 알고 계신 듯이 나중에 옛말하며 잘살게 될 거라고 달래셨다. 때 되면 된장이며 고추장을 담아 덜어 주시고, 수시로 항아리도 반지르르하게 닦아주셨다. 계절이 바뀌면 이불 홑

청을 뜯어다 빨아서 다듬이로 두드리고 가실하게 만져서 꿰매주는 것도 할머니 생전에 해주시던 일이었다.

 내게 든든한 기둥이시던 할머니께서 돌아가신 후에는 끈 떨어진 뒤웅박처럼 끝도 없이 마음이 허전했다. 그렇게 한동안 갈피를 못 잡고 있을 때도 그랬고, 살면서 좀 중요한 일이 있을 때도 거짓말처럼 꿈에 보이셔서 마음을 편안하게 해주셨다.

 "괜찮을 거다. 다 잘 되려고 그러는 거다."

 할머니의 '괜찮다'는 말씀은 내 삶을 지탱해준 특별한 주문이었다.

홀가분하게

 계절이 바뀌면 장롱을 우선 정리해야 마음이 편안하다. 덮던 이불은 세탁하여 넣어두고 새로 덮게 될 이불을 꺼내 놓는다. 이불장 안에서 꺼내지 않고 자리를 지키는 이부자리들도 거풍해서 제자리에 챙긴다. 계절에 맞는 옷은 꺼내놓고, 입던 옷 중에서 버릴 것은 버리고 다시 입을 옷은 보관하면서 새로운 계절을 맞이한다.

 한 해 서너 번은 족히 하는 일이지만 입지 않는 옷이 매번 들락거릴 때가 있다. 덮지 않는 이불도 버리지 못하고 이불장 속을 늘 답답하게 만들었다. 옷도 이불도 주인 따라서 사연이 이지가지 엮인지라 그 안에 마음이 묶여있다.

 언제부터 있었는지조차 모르는 남편의 야전잠바는 버릴까 봐 애면글면하는 그의 애착 때문에 긴 세월 옷장에서 주인 노릇을 하고 있다. 무엇이나 버리지 못하는 그는 이 시점에 논하고 싶지 않다. 전역 때 입었던 아들 군복, 딸 대학 입학 후 처음 장만한 줄무늬 정장, 아이들 아기 때 쓰던 수건 등 버리지 못한 옷들이 옷장 깊숙이 자리를 차지하고 버틴다.

 오렌지색과 밤색이 섞인 잔잔한 체크무늬 바지와 미색 티셔츠는 아들이 코 묻은 돈 모아서 나에게 사준 옷이라서 버리지 못하고 있다. 하늘색에 크게 꽃무늬가 있는 정장도 남편이 생전 처음으로 맘먹고 사준 옷이므로 버리지 않았다. 잔잔한 꽃무늬가 좋아서, 처음으로 맞춰 입었던 옷이라서, 그런저런 핑계로 맞지 않는 옷을 버리지 못하는 내 옷이 대여섯 벌 정도 된다.

 그중에 한 벌은 어렵던 시절의 기억으로 애잔하다. 이십 대 초, 여러모로 선망의 대상이던 선배 언니는 이웃 동네 동장님 딸이었다. 차림새가 늘 단정하고 세련되어 보였다. 두툼한 대학 책을 허리에 받쳐 든 언니가, 연한 초록색 투피스에 하얀 블라우스를 입고 지나가는 모습은 길조차 환하게 만들었다. 넉넉하지 않은 내 형편에 그 모습이 참 부러웠다. 대학생 언니가 부러웠는지 초록색 투피스가 좋았었는지 당시의 감정은 헷갈리지만 지금도 좋아하는 색은 초록색이다. 마음속으로 언젠가는 초록색 정장만큼은 꼭 사 입고 말리라 다짐했었다.

십 년이 훨씬 지난 후, 큰아이를 유치원 보내면서 어머니회 모임을 핑계로 마침내 초록색 투피스를 내 깐에 거금 주고 샀다. 보고 또 봐도 예쁘고 태가 나는 옷이었다. 몇 해 후, 애석하게도 나이만큼 살이 보태져서 열 번도 못 입어 본 초록색 투피스는 그림에 떡이 되어 버렸다. 그래도 가난하던 시절 애환이 서린 옷이라서 버리지 못하고 넣어 두었다.

옷이야 보관하는 상자 하나면 차고도 남을 만큼 부피가 작지만, 장롱 한쪽 아래 그득한 이불은 볼 적마다 마음이 심란하다. 보물단지나 되는 듯이 버리지 못하고 두고 보는 마음에 욕심이 그득하다. 소용없는 줄 알면서도 끌어안고, 내년이면 버려야지, 또 내년이면 하면서 돌아가지 못할 그리운 날들에 대해 집착한다.

남편과 혼인 날짜를 정하고 난 뒤에 할머니는 먼저 혼수로 이불을 장만해야 한다고 하셨다. 무심천 둑길 아래 먼지가 부옇게 쌓여있는 솜틀집에 나를 데리고 가셔서 새 목화로 솜을 타셨다. 아버지가 없는 집에서 아버지 빈자리를 메우려는 할머니의 마음은 나에게 늘 넘치셨다. 혼인을 앞두고 이불 꿰매는 날을 정해 놓았다. 안방과 윗방을 정갈하게 청소하고 마루 끝까지 걸레질을 반질거리게 해놓았다. 동네에서 아들딸 낳고 복 되게 사는 아주머니 몇 분이 오시고 지금은 돌아가신 숙부께서 재봉틀로 솔기를 박고 마름질을 해주었다. 솜을 놓아 이불 속통을 만들고 빨강 초록 이불에 깃을 달고 요 꿰매고 베개도 만드느라 늦도록 일해야 했다. 어머니는 이불 꿰매는 날 근처에도 오지 않았다. 할머니도 오지 않는 어머니를 당연시했다. 어머니는 당신의 팔자가 사나워서 혹여 자식에게 터럭만큼이라도 묻어가서 해가 될까 봐 노심초사하였다.

"나처럼 팔자 드센 사람이 새살림에 얼쩡거리면 부정 탄다."

돌아보면 미신이고 낭설인 이야기에 어머니는 마음을 많이 쓰셨다. 딸을 시집보내며 왜 챙겨주고 싶은 마음이 없었을까. 어머니는 당신 마음을 누르고 곱게 꿰맨 혼수이불도 내가 결혼한 후에나 보셨다.

"안 봐도 된다. 할머니가 어련히 알아서 하셨을까. 네가 어련히 알아서 했을까."

어머니 속을 태우며 할머니가 만들어주신 혼수이불을 오래도록 가지고 다녔다. 수없이 싸고 풀었던 이삿짐에, 꼬박꼬박 챙겼던 이불이지만 이제는 버려야 될 때가 되었다. 혹여 내 의지대로 무엇이고 하지 못하는 날이 오게 될까 봐 염려되어서다. 하나씩 버리면서 내려놓는 연습을 하려 한다.

그리워하며 붙잡고 있는 것들 모두 마음을 묶어놓는 욕심일 것이다. 마음은 가볍게 하고, 머릿속은 단순하게 하여 홀가분하게 살아야겠다.

   집착하는 마음도, 청춘의 애환도, 지난날의 그리움마저도 이제는 훌훌 버려야 할 때가 되었다.

제2부

겸손하게 천천히

부부로 산다는 것(1)

 부부가 건강하게 해로 하는 것은 큰 축복이다. 요즘은 누구나 자녀에게 노후를 의탁하기가 어려운 세월이 되었다. 부부가 함께 의지하며 순리대로 살다가 앞서거니 뒤서거니 하늘로 갈 수 있다면 더없이 좋을 것이다. 하지만 사람 명이 뜻대로 되는 것이 아니므로 남은 한쪽은 외롭게 여생을 보내게 마련이다. 남아 있는 쪽이건, 먼저 떠난 쪽이건, 생각만으로도 쓸쓸하다.

 우리 내외는 습관처럼 건강 검진을 받았다. 위내시경, 대장 내시경, 머리 MRA 사진까지 찍었다. 나는 다행히 별다른 이상이 없었다. 남편에게는 폐 CT 촬영을 해야 한다는 호흡기 내과 진단소견이 나왔다. 촬영 결과 폐에 미심쩍은 부분이 있다고 하여 보름간 약을 먹고 다시 엑스레이를 찍었다. 혼자 병원에 다녀온 남편은 다음 날 보호자랑 함께 내원해야 한다고 어렵게 말을 꺼냈다. 보호자란 말이 낯설고 두려웠다.

 "남편이 우리 가족 보호자 아니었나. 병원에서 무슨 일로 보호자를 오라고 할까."

 그 밤이 한없이 길었다. 철없을 때 남편을 만나 일가를 이루면서 남들이 겪지 않을 우여곡절을 적잖게 겪었다. 그동안 힘든 일들을 잘 견디었다고 생각하였다. 내 마음이 여물어지는 동안 남편은 심신이 모두 약해진 것일까. 밤새도록 불길한 예감으로 뒤척이며 몇 번이고 얼굴에 손을 대고 온기를 느껴 보았다. 삶이 생각과 다르게 전개될 것만 같은 나쁜 상상으로 밤을 지새우고 병원에 갔다. 의사 선생님은 소견서와 자료 사진을 주면서 서울 큰 병원으로 가보라고 하였다. 그 길로 서울 큰 병원 호흡기 내과에 가장 빠른 날로 예약을 했다.
 해외로 발령을 받고 출국 날짜를 기다리는 아들에게 결과도 모른 채 아버지의 상황을 알릴 수가 없었다. 눈코 뜰 새 없이 동동대는 딸에게도 말하지 않았다. 남편은 확실한 결과도 모르면서 미리 시들어 가고 있었다. 나는 정신을 바짝 차리고 강단 있게 현실을 직시하려고 애를 썼다. 예약해놓은 날 서울 병원으로 갔다.

　가지고 간 소견서를 읽고 사진을 판독하신 선생님은 항생제를 보름쯤 먹고 CT 촬영을 한 후에 폐 조직 검사를 해보자고 했다. 이미 며칠 동안 속이 타들어 갈 것처럼 애를 태워서 내성이 생긴 것일까. 왠지 괜찮을 것 같았다. 남편에게 되지도 않은 호언을 하며 안심을 시켰다. 설사 암이라 해도 내가 있으니 걱정하지 말라며 나 자신에게도 다짐하였다. 무슨 일이 닥쳐도 이겨낼 수 있을 거라고. 서울을 오르내리며 기다리고 사진 찍고 하면서 서너 달을 보냈다. 앞날이 불투명한 몇 달 동안 짙은 안개 속에서 헤매듯 갑갑했다.

　마음을 졸였지만 다행히 일단 암일 확률은 낮다고 하였다. 더 두고 보다가 내년에 사진을 찍어 보자는 소견을 들었다. 우리는 나쁜 꿈에서 깨어난 듯 다시 평온한 일상으로 돌아왔다. 그사이 아들 내외는 외국으로 나갔고, 볕 좋은 봄날 여러 가지 씨를 뿌리고 싹을 틔우며 평범한 하루에 감사하며 지냈다.

　무더위와 장마가 지나고 가을 문턱에 들어선 어느 날부터 남편이 시난고난 감기, 몸살을 열흘쯤 안고 살았다. 대수롭지 않게 여기고 동네 병원에서 처방받은 약으로 버티다가 병을 키웠다.

　기침이 심해지며 폐렴으로 진단되어 집에서 가까운 종합병원에 보름 가까이 입원하게 되었다. 입원 중에 의사 선생님은 엑스레이 사진에 폐 상태가 좋지 않으니 CT 촬영을 해보자고 했다. 또 결과가 좋지 않았다. 선생님은 서울 큰 병원으로 하루속히 가보라며 내용 모르는 소견서를 길게 써주었다. 지난번 진료 받았던 폐가 문제였다. 다시 서울 큰 병원에 예약하였다. 맥없이 숨죽이며 예약 날짜를 기다렸다.

서울 병원을 오가며 엑스레이 찍고, CT 찍고, 오고 또 갔다. 그렇게 정신없이 오가다가 크게 걱정 안 해도 될 것 같다는 선생님의 진단소견을 들었다. 물론 다음 달에 다시 내원하라고 했지만. 크게 걱정하지 않았다. 별일이 있다 한들 이겨나가면 될 것이므로. 젊은 청춘 아니고 조금씩 아프면서 늙어 가는 것이 인지상정이라 생각하였다. 수십 년간 하던 일을 끝내고 편안해진 나에게, 남편은 한 해 내내 혹독한 훈련을 시켰다. 앞으로 잘하며 살자고 협박하듯이.

사랑으로 맺어진 부부가 평생을 사랑만으로 살 수 있다면 좋겠지만 삶이 그리 만만하지 않았다. 부부로 산다는 것에 정해진 답은 없지만, 삶이라는 세파를 함께 헤쳐나가는 끈끈한 전우애, 둘만의 역사와 추억을 공유하는 우정, 그리고 서로에 대한 책임감과 의리가 있어야 한다는 생각이다. 그래야 긴 세월을 함께 견디며 살 수 있지 않을까. 우리 부부 힘은 들었지만 이번 시험은 잘 치르고 있던 셈이다. 이제는 뜨거운 사랑도 버겁다. 서로를 안쓰러운 마음으로 바라보며 곁에 있어 줄 수 있다면 그것으로 족하다.

부부로 산다는 것(2)

 남편은 유리문 너머로 길게 눈을 맞추고 수술실에 들어갔다. 웃어 보이려는 그의 얼굴이 일그러져 있었다. 벽을 사이에 두고 생사를 넘나드는 그이를 위해 딸과 내가 할 수 있는 일은 기다림 말고는 없었다. 높으신 분의 가호(加護)가 있기를 바라며 손을 모았다.

 "자세한 것은 정밀검사를 해봐야 알겠지만, 남편 분께서 폐암 같습니다."

 수술하기 한 달 전쯤 의사 선생님에게서 들은 말이다. 폐암이라는 말을 들은 후 승강기를 탔다가 내려야 할 곳을 잊었다. 층을 분간하지 못하고 꼭대기 층까지 올랐다가 내려가기를 두어 번 했다. 그러다 담당 선생님을 승강기 안에서 다시 만났다. 선생님께 이끌리어 컴퓨터 앞에 앉았다. 내가 답답하게 보였던지 선생님은 똑바로 들으란 듯이 남편 가슴 사진을 보이며 그 사람의 현재 상태를 되짚어 설명하였다. 남편은 폐암 초기를 좀 넘었고, 그 사실을 바로 본인에게 알려야 된다고 하였다.

"선생님께서 지난달까지 이상 없으니 집 가까운 병원에서 엑스레이나 한번 찍어 보라고 하는 것을 굳이 서울까지 와서 찍은 사진입니다. 이제 와서 암이라니요."

귓가는 윙윙거리며 들리지 않았고 생각뿐인 말들은 자꾸만 속으로 기어들어 갔다. 집 근처 병원에서 건강검진 결과 폐가 좋지 않으니 큰 병원으로 가보라 한 것이 두어 번 있었다. 그때마다 서울 큰 병원에서는 이상이 없다고 하였다. 이번에도 괜찮을 것이라고 믿었다. 암이라는 결과를 듣고 보니 병원에서 속절없이 병을 키운 것만 같아 원망이 앞섰지만 아무런 말도 하지 못했다. 다른 병원도 한두 곳 가봤어야 했을까. 그러지 못한 것이 마음에 걸렸다. 그간 병원에서 사진 찍고 기다리기를 반복하며 숱하게 맘을 졸였기에 마음에 굳은살이 박여서 내성이 생긴 줄 알았다. 젊은 나이 아니고 조금씩 아픈들 어쩌랴 고쳐가며 살면 되겠지 했었다. 그러다 막상 남편이 폐암이라는 이야기를 듣고 보니 그것은 아프지 않은 나의 허세라는 생각이 들었다. 남편에게 알리는 것이 두려웠다.

  그날 밤 담당 간호사가 와서 그이 손을 잡고 긴 기도를 하였다. 담당 선생님의 배려였다. 눈치 빠른 이 사람은 본인이 많이 아픈가보다며 밤새 잠을 뒤척였다. 나는 부인하지 못하고 그 밤을 지새웠다. 이튿날 회진 시간에 선생님께서 침상에 마주 앉아 식탁을 펴고 종이에 폐를 그리며 현재 상태를 알려 주었다. 비소세포폐암 2기 정도로 보이지만 정밀검사로 전이 여부를 확인한다고 했다.

  남편은 가라앉은 목소리로 말하였다.

"선생님, 이런 때 통상 얼마나 살 수 있는가요?"

  핏기없는 얼굴로 의사 선생님께 묻는 그이를 볼 수 없어서 외면했다. 선생님은 본인도 지난해 같은 암으로 수술 받았지만 환자를 진료하고 있다며 대답을 대신하였다. 그러면서 의사들도 사진으로만 판독하니까 깜빡 속을 때가 있다고 하며 일찍 발견하지 못한 이유를 상세하게 설명해 주었다. 수술할 수 있는 것만으로도 다행이라고 하는 선생님 말에 희망을 가질 수밖에 다른 도리가 없었다. 남편은 담당 선생님도 폐암 수술을 받았다는 동질감으로 어느 말보다 위로를 받은 듯하였다.

  아이들에게도 아버지의 상황을 알렸다. 근심을 주지 않으려고 수술 끝난 뒤에 알리려고 하다가 혹여 수술이 어떨지도 모르거니와 아버지를 위해 걱정하는 것도 자식의 도리라고 생각했다. 아이들 마음이 얼마나 아프든 그것은 각자의 몫이라고 여겼다. 외국에 있는 아들의 전화기 너머 떨리는 목소리에서 가슴 뻐근한 아픔이 느껴졌다. 다른 도시에 있는 딸은 곧바로 병원으로 와서 정밀검사 받는 내내 수족처럼 아버지를 도왔다. 다행히 전이 된 곳이 없어서 보름 후로 수술 날짜를 잡았다.

  우리 내외는 수술 전날 입원을 위해 서울로 올라왔다. 함께 올라온 딸이 입원 수속하고 준비하는 동안 나는 머릿속이 자꾸만 텅 빈 듯이 멍해져서 정신을 차리느라 애를 써야 했다. 그이가 입원한 흉부외과 암 병동에는 모두 폐암, 식도암 환자였다. 힘겹고 암울하지만 같은 아픔을 가진 사람들과 만나고 보니 이곳에서도 울고, 웃고 서로 다독이며 어려움을 견디고 있었다.

  지난날 애틋하게 사랑하며 살아온 날이 얼마나 될까. 사는 일에 찌들어 일터에서 만난 동지처럼 지내온 세월이었다. 전쟁터에서 만난 사람처럼 사생결단하듯이 살아온 때도 적지 않았다. 내 가슴속 고통이 크다고 여겨서 그가 아팠을 거라는 생각을 하지 못했다. 상대방을 배려하기보다 나만 배려받고 싶어 했다. 우리 앞에 주어진 시간이 끝이 있는 것임을 실감하지 못하였다. 넘쳐서 주체할 수 없는 것이 시간인 줄 알고 함부로 써버렸다.

  회한에 잠겨 잠시 수술실 앞을 비운 사이 딸이 급히 나를 찾았다. 예닐곱 시간 만에 수술을 마쳤고 기다림도 끝났다. 수술을 집도하신 선생님의 손놀림은 섬세하고 정밀했노라고 하였다. 마취가 덜 풀린 그이는 백지장 같은 얼굴에 초점 잃은 눈빛으로 딸을 보며 나를 찾고 있었다.

  "엄마는……."

  나는 긴 호흡으로 마음을 다잡았다.

지나간 것은 다시 그리워지나니

  남편의 예순여섯 번째 생일이다. 우리 내외는 둘이서 조촐한 생일상을 마주하고 있다. 결혼하던 첫해 빼고는 해마다 차리는 생일상이다. 전에는 동기간들과 모여서 함께 아침을 먹기도 했지만, 이제는 우리 둘이서 있다. 케이크에 불을 붙이고 나니 '생일 축하 합니다' 하는 아이들 노랫소리가 들리는 듯하다. 나 혼자 생일 축하 노래를 한 소절 부르다가 괜스레 목이 메었다. 남편도 내 마음과 같았는지 눈시울이 붉어졌다. 우리 내외는 한동안 그 상황을 어이없어 하며 웃다가 울다가 했다. 생일상을 앞에 놓고 서로를 마주 보다가, 측은지심이 들어서 감정이 북받치게 되었던 것일까.
  결혼하던 첫해, 두어 평 남짓한 구멍가게에서 신접살림을 시작했다. 가게에 딸린 방안에 혼수로 가져온 여덟 자 장롱을 놓았더니 겨우 다리를 펼 수 있을 만큼 비좁았다. 좁은 방이지만 석유곤로를 들여놓으니 밥하고 찌개 끓이는 주방이었고, 자주색 목단꽃이 사철 소담지게 피어 있는 양은밥상 다리를 펴고 상을 차리면 식당이었다. 상다리를 접어서 장롱과 벽 사이 틈새에 밀어 넣고, 우리 할머니 수백 가지 소망 담아 정성 들여 꿰매준 요 깔고 이불 펴면 침실이 되었다. 우리는 앞날에 대한 희망과 서로를 사랑하는 마음으로 불편한 줄 모르고 살았다.

 살림살이는 시어머님이 챙겨주신 간장, 고추장, 항아리에 자잘한 부엌살림을 연두색 삼륜차에 싣고 온 것이 전부였다. 큰 마트가 없던 그 시절, 우리 가게는 주로 그날그날 먹을 수 있는 식품을 팔았다. 남편이 새벽에 과일, 채소 등 물건을 사다 놓고 직장에 가면 낮에는 혼자서 가게를 보았다. 새벽시장에 다녀오는 남편은 자전거를 붙잡아주지 않으면 내리지도 못할 만큼 산더미처럼 물건을 싣고 다니며 욕심 사납게 굴었다. 잘 살아야겠다는 마음이 넘치는 남편을 따라가느라 힘에 부쳤다. 낮에 혼자서 과일이며 채소를 다리가 저리도록 팔았지만 시답잖게 여기고 달가워하지도 않았다. 좋은 물건을 찾느라 새벽부터 애쓰고 실랑이한 보람 없이 집에서는 훌렁훌렁 떨이하듯이 팔아 치운다고 되레 퉁바리 주기 일쑤였다. 그러면 온종일 일하느라 고달프던 나는 나대로 섭섭해서 '생물을 묵히느니 싸게 빨리 파는 것이 옳다.'하며 부딪치는 일이 잦았다. 그렇게 아옹다옹하며 서로가 잘살아 보겠다고 애쓰던 그때가, 스물다섯 살이었다.

젊은 부부가 열심히 사는 모습이 보기에 좋다며 기특하게 여기는 이웃분들이 많았다. 젊어 고생은 사서도 한다며 말끝이 다정하던 목욕탕집 아주머니, 젊고 예뻐서 대학생 아들의 엄마로 믿기지 않던 교수 사모님, 둥글둥글 너그럽던 국장 사모님, 생각이 젊고 세련되었던 쌍둥이네 할머니, 그 밖에도 기억이 희미해진 골목의 많은 어른이 내 자식 일처럼 도움을 주셨다. 든든한 이웃 덕택으로 다른 동네에서 일부러 찾아오는 사람들도 있을 만큼 가게는 작아도 손님이 많아 눈코 뜰 새 없이 바빴다.

그즈음 초겨울, 이른 아침 시어머님께서 시루떡을 쪄서 광목 보자기에 싸가지고 오셨다. 따뜻할 때 아들에게 먹이려고 새벽부터 서둘러 오신 줄만 알았다. 연유를 모르는 나에게 거두절미하고 말씀하셨다.

"오늘 아침 미역국은 끓였냐?"

결혼 후 남편의 첫 번째 생일이었음을 까맣게 잊고 있었다. 어머님은 당황스러울 만큼 불같이 화를 내셨다. 돈은 평생 벌고 살 텐데 분가하고 처음 맞는 제 식구 생일을 잊으면 되겠냐고 하시며 떡 보자기를 던져놓고 앉지도 않고 되짚어

가셨다. 버럭 화만 내고 가신 어머님도 야속하고, 남편 생일 잊은 것이 미안하기도 하여 쓰라린 손등을 핑계 삼아서 실컷 울고 싶었지만, 손님이 끊이지 않아 맘 놓고 울 수도 없었다. 온종일 울음을 삼키다가 가게 문을 닫고서야 그믐달이 실낱같이 차갑게 비추던 골목길을 하염없이 헤매다 돌아왔다. 날카로웠던 경험도 시간이 지나면 추억이 된다.

이제 와 생각하니 한 생애가 바람에 날리듯 낙엽처럼 날아갔다. 지나고 보니 기쁨도 기쁨이거니와 고달픔마저도 그립다.

> 모든 것은 순간에 지나가고
> 지나간 것은 다시 그리워지나니
> (푸시킨, 『삶』 부분)

첫 번째 생일날 어머님의 그 카랑한 목소리가 그립고, 나에게 우렁이 각시였던 할머니가 그립고, 정담을 나누던 동기간들이 그립다. 장성하여 제가끔 살림을 난 자식들이 그립고, 신혼 초 우리 가게 단골손님도 그립다. 그리운 사람이란 소중한 사람이란 뜻일 터, 소중한 사람들과 이웃하며 살았다는 게 새삼 자랑스럽다.

그래도 숨차게 달려온 지난날은 생각만 해도 힘에 부친다. 이제는 한유해서 조금은 쓸쓸해도 나쁘지 않을 것 같다.

젊은 시절처럼 열정이 넘치는 것도 달갑지 않다. 내게 주어진 분수대로 무해무득(無害無得)하게 살아가고 싶다.

  우리 부부, 오래된 동무로 두런두런 옛 이야기하며 평온하게 살아갈 것이다. 크게 욕심부리지 않으면 그럭저럭 흉하지 않은 노년을 보낼 수 있으리라 믿는다.

건망증

　세탁기가 작동되지 않았다. 작동되지 않은 것이 아니고 작동시키지 않은 것이 맞다. 빨래를 꺼내 널려던 남편이 또 알게 되었다. 세탁기를 열어본 그가 정신 좀 차리라며 삼복에 엿가락 늘어지듯 잔소리가 늘어졌다. 세제만 넣고 작동을 안 시켰으니 빨래가 될 리 없었다. 어느 날은 작동을 눌러 놓고 안 누른 줄 알고 다시 눌렀다가 결국 꺼버리게 되어 빨래가 넣은 채로 있던 적도 있었다. 몇 번 그러다 보니 남편이 하는 잔소리가 무리는 아니다. 애초에 본인이 세탁기를 돌리면 편할 텐데 매번 사용법을 모른다고 내게 미룬다. 큰 종이에 사용법을 적어서 붙여 놓았어도 못 하겠다고 한다. 일부러 그러나 싶을 때도 있지만 세제 넣기가 헷갈려서 그렇다고 하니 그런가 보다 할밖에.

세탁기를 사용할 줄 모르는 그나 정신이 없는 나나 별수 없기는 마찬가지인데도 일방적으로 나만 잔소리를 목에 차게 듣는다. 사소한 일들로 비렁이 자루 뜯듯 옥신각신이다. 주로 정신없는 나를 향한 그의 잔소리를 빌미로 언쟁이 시작될 때가 많다. 내가 생각하기에 도긴개긴인 데 내 정신없는 것만 탓하니 몇 번은 참아주다가 되로 받고 말로 주듯 몰아서 한 번씩 쏘아붙인다. 같이 나이 드는 처지에 서로 안쓰럽게 여기며 살아야지 않겠는가. 자꾸 정신없다 해서 정말 치매라도 걸리면 좋겠냐고 야단하면 슬그머니 꼬리를 내리고 며칠은 잠잠하다.

일상에서 정신없어 생기는 일이 비일비재(非一非再)하다 보니 은근히 걱정이다. 차 유리를 올리지 않아서 밤새 비를 맞힌 적이 몇 번 있었다. 냉장고를 열면서 무엇을 꺼내려고 열었을까를 한참 생각한다. 냄비를 쓰지 못할 만큼 태워서 버린 적도 있었다. 통화하면서도 핸드폰을 찾느라 우왕좌왕 헤맬 때도 자주 있다. 책을 많이 읽지도 않았지만 그나마 얼마 안 되게 읽은 책도 무슨 내용이었는지 생각나지 않는다. 다른 분들이 책 내용을 줄줄이 이야기하는 것을 보면 나는 그저 감격할 뿐이다. 아직은 정신없을 나이도 아닌데 이러니 난감하다.

무더위에 가물이 들어서 옥상에 심은 고추며 오이가 타들어 갔다. 말 못 하는 식물은 사람이 챙기지 않으면 그대로 말라 죽는다며 남편은 물주기에 지극정성이다. 지난해는 물을 주고 수도를 잠그지 않은 적이 두어 번 있었다. 물받이로 계속 물이 내려오는 걸 보고 연락이 와서 물을 잠갔었다. 올해는 아직 그런 적이 없었으니 그가 물을 어느 때 주었는지조차 몰랐다. 늦은 저녁을 먹고 있는데 아래층 계신 분한테 전화가 왔다. 지난해 살던 사람이 아니고 새로 이사 온 분이라 낯이 설은 상황에서 전화를 받았다.

"위층 물받이에서 물이 계속 내려와요. 보일러가 고장 난 거 아닌가 하고요."
"알았어요. 알려줘서 고마워요."

남편이 물을 주고 수도를 잠그지 않았다. 이 가뭄에 물을 이렇게 낭비하다니…….
할 말은 많았지만 역지사지하는 마음으로 돌아보니 내가 공격할 처지 아니었다. 수도를 잠그고 내려온 남편은 고개를 갸웃하며 잠근 거 같은데 이상하다를 연발했지만 조용히 넘어가기로 했다. 그리고 얼마쯤 지났을까. 아래층에서 전화가 또 왔다.

"내려와 보셔야겠어요. 일이 이상하게 되었네요."

"무슨 일로요? 알았어요. 내려갈게요."

내려가 보니 아래층 사는 분 옆으로 대학생으로 보이는 젊은 남녀와 경찰 두 분이 함께 있었다. 경찰까지 출동한 것을 보니 예삿일이 아니구나 싶어서 심장이 콩닥거렸다. 살면서 경찰과 마주하는 일이 얼마나 될까. 그것도 밤중에 출동한 경찰을.

"위층 사세요?"
"네 그런데요. 무슨 일인가요?"
"이 학생들이 댁에서 내려온 물 때문에 지나가던 차에서 물이 튀었어요. 그 바람에 옷을 버려서 물 튀긴 차를 찾으려고 파출소로 신고했답니다."
"아! 죄송합니다. 더위에 이렇게 두 분이나 출동하시니 너무나 죄송하네요. 저희 탓이에요. 정신이 없어서 옥상에 물 잠그는 것을 깜빡했어요. 학생들 세탁 비용은 저희가 지불하겠습니다."

휴대폰에 넣어 두었던 비상금을 학생들 세탁비로 주었다. 학생들은 사과 안 하고 가버린 차 때문에 그런 거라고 하며 안 받겠다는 것을 억지로 손에 쥐어주었다. 물 관리 잘하라는 경찰의 훈계를 듣고 일이 마무리되었다. 당분간 남편은 나에게 정신 차리라며 잔소리는 못 할 것이다.

그 일이 있고 난 뒤 며칠 조용하던 남편은 또 일을 쳤다. 얼마 전 아들을 결혼시킨 남편의 지인이 친정어머니가 작고하셨다고 부고를 보내왔다. 시절이 시절인 만큼 조문은 가지 못하고 조의금을 송금하는 것으로 대신했다. 까맣게 잊고 있었는데 장례를 마치고, 지인이 인사차 소소한 답례품을 가지고 일부러 오셨다. 답례품을 받아든 남편이 말하기를,

"축하합니다."
"……."
"아! 죄송합니다. 내가 뭔 소리를 하는지 모르겠네요."

이 양반아! 제발 정신 좀 차렷.

겨울 감나무처럼

   화단에 어린 감나무 두 그루가 있다. 그중 한 그루가 올해 감꽃을 제법 많이 피웠다. 아침저녁으로 바라보며 꽃송이를 세어 보는 것이 소소한 즐거움이었다. 반질한 잎 사이에 핀 감꽃은 연한 노란색으로 가만히 들여다보면 작은 종 모양을 한 것이 다부지게 보였다. 단단하게 보이던 조롱조롱한 꽃들이 비가 오고 바람이 불면서 하나둘 맥없이 떨어졌다. 그러다 보니 열매로 맺은 것은 얼마 되지 않았다. 꽃이 핀 내내 눈요기 흐뭇하게 했으니 그거라도 과분하다고 위로를 하지만, 열매로 맺지 못하고 떨어진 꽃들이 못내 아쉬웠다. 그나마 몇 알 안 되는 감마저도 여름을 넘기지 못하고 서너 개밖에 남지 않았다.

   나의 기억이 맞는다면 여남은 살 때부터 감이 유난스레 좋았다. 감이 좋다기보다는 감나무가 좋다는 말이 더 맞을 것이다. 이른 봄 연초록 잎이 아른거릴 때부터 마음이 부산하고 설레었다. 그러다 감꽃 필 무렵이면 아침 댓바람부터 감나무가 있는 이웃집으로 달려갔다. 윗도리 앞섶을 접어 올려 만든 주머니에 한가득 꽃을 주워 담고는 아침 먹을 새도 없이 꽃을 실에 꿰었다. 꽃목걸이를 만들어 목에 두르고 학교에 가느라 지름길인 좁은 논둑을 늘 뛰어야 했다.

감나무가 있는 집 아이들이 부러웠다. 마당이 작은 우리 집엔 감나무를 심을 곳이 마땅치 않았는지 조르고 소원을 해도 내가 크도록 감나무는 없었다. 그 대신 온 동네 집마다 감나무에서 떨어지는 꽃이며 감은 무시로 주워가도 나무라는 사람은 없었으니 남의 집 나무가 내 것처럼 한 타령이던 시절이었다. 감꽃 필 무렵부터 홍시가 되어 떨어지는 늦가을까지 팥 방구리에 쥐 드나들 듯 이집 저집으로 감나무를 찾아서 부지런히 드나들었다. 동무들이 먼저 주울까 봐서 조바심하던 유년의 내 모습이 아련하다.

남편을 만난 지 일 년쯤 지났을 무렵 팔월 한더위에 시댁으로 첫인사를 하러 갔다. 낯설어서 눈 둘 곳을 찾지 못하고 우물거리는 중에 울안의 감나무 그늘이 시원하게 너울거렸다. 그래서였는지 마음이 편안해졌다. 앞마당에 큰 감나무 세 그루가 있고 뒤뜰에 둥글게 떡 벌어진 나무가 두 그루가 더 있으니 내 것이라도 된 듯이 마냥 좋았다. 무성한 잎

사이로 주먹만 한 감이 푸릇푸릇 가지마다 늘어지도록 달린 모습을 보면서 마음은 이미 그 집 식구가 된 것처럼 뿌듯하였다.

집에 와서 어른들께 보고 느꼈던 대로 말씀을 드리며, 울안에 감나무가 여러 그루 있어서 참 좋았다고 했다. 들떠서 말하는 나에게 어른들은 감나무 때문에 시집을 가냐고 마뜩잖아 하였다.

그토록 울창하던 시댁의 감나무는 어느 해인가 모두 베어져버렸다. 부모님 돌아가시고 집주인이 된 시동생이 떨어지는 감잎 때문에 성가시다고 해서였다. 한동안 섭섭하고 아까워했지만 헛된 욕심을 부리는 것 같아서 마음을 다스렸다.

집을 주택으로 마련하고 살면서는 봄에도 가을에도 감나무를 심었지만 한 번도 제대로 키우지 못했다. 감나무 키우기가 까다롭다는 것을 키워보기 전에는 몰랐다. 산 아래 시골집에 살면서는 어린나무도 심어보고 자란 나무도 심어 봤지만 겨울 냉해를 견디지 못하고 심는 대로 고사하였다. 감나무를 시도 때도 없이 심는 것이 안타까웠는지 동네 사람들이 이 지역엔 감나무가 잘 살지 못한다고 알려주었다. 지역마다 감나무가 잘 되는 곳이 따로 있다는 것을 알게 되었다. 잘 되는 지역으로 이사를 할 수도 없는 노릇이고, 감나무를 울안에 두고 싶은 마음에 해마다 노심초사였다.

이 집으로 이사하면서 냉해에 강한 품종인 월아종 감나무 두 그루를 심어 놓은 것이 삼 년이 지났다. 심을 때는 내 새끼손가락 굵기의 나무가 이제는 장정 엄지손가락 굵기만큼 자랐다. 첫해 겨울을 아기 보살피듯이 해서 보내고 이듬해 겨울은 냉해를 견디도록 밑둥치를 단단히 감싸주었다. 보살펴준 보답을 하는 양 그중 한 그루에서 다복다복 꽃을 피우고 늦가을까지 서너 개 감이 달려 있다. 보기가 좋아 두고 보자 하였더니 까치가 들며 날며 먹어서 그중 하나는 반만 남았다. 가지를 늘어뜨린 나무는 계절에 순응하며 내려놓을 채비를 하고 있다.

  잎을 벗어버린 감나무는 뿌리내린 이곳에서 맨몸으로 엄동설한, 폭풍 한설을 견딜 것이다. 얼어붙은 땅속에서 부지런히 양분을 비축하며 봄을 향한 희망의 끈을 단단히 잡고 있으리라. 제 몸을 지키려 겨우내 무던히 애쓰다가 다시 봄이 오는 날, 물오른 줄기마다 어김없이 새순을 틔울 것이다. 반질한 새순 사이사이로 꽃을 피우고 열매도 맺을 것이다. 떨구고 버려도 버리는 게 아니며 나누고 비워도 빈 것이 아님을 보여줄 것이다

  감나무는 어느 곳에 있든 모두 나누며 짱짱하게 그 자리를 지키고 있었다. 어린 시절부터 나무를 울안에 두지 못해 애태우던 나를 돌아보았다. 가지 끝에 까치밥을 남겨두는 인심으로 몸도 마음도 가볍게 하여 내 삶의 겨울을 보내고 싶다.

겸손하게 천천히

 내 나이를 셈하여 보았다. 우리나라 평균 수명만큼 산다고 해도 삶이 흐뭇하게 남아 있는 나이가 아니었다. 무의미하게 시간을 보낼 수는 없었다. 여기저기 떠도는 버킷리스트를 힐끔거리며 나에게 맞는 나머지 인생 계획은 어떻게 설계할까를 생각하였다. 노후를 위해 미리 준비해둔 이런저런 자격증으로 사무실을 개설할까도 했지만 첫째는 자신이 없었고, 둘째는 부자는 아니지만 먹고 사는 일로 그만 애쓰고 싶었다. 스스로 부끄럽지 않게 사는 것을 첫 번째로 두고 차분하게 계획을 세워보려고 하였다.
 일을 그만둔 첫해, 날개를 단 듯이 이곳저곳 다녔고 친구들과 여행도 부지런히 다녔다. 모든 계획은 나 하나만을 위해서였다. 그동안 하고 싶던 것들을 찾아 이곳저곳 기웃거렸다. 여행은 여행대로 다니며 교육 프로그램을 통해서 배움의 갈증을 풀어보는 것도 열심이었다. 조갈증에 물 먹히듯 무엇을 해도 갈증은 그대로였으며 마음은 허방을 딛고 있었고, 가슴은 추수 끝난 들판처럼 허허로웠다.

그 허전함을 메우려고 글쓰기를 시작해보았다. 잠시 세상일이 뜻대로 되는 듯했고 그런대로 보람찬 나날이었다. 그동안 고생한 나에게 주는 상이라 여기며 이기심이 하늘을 닿을 때쯤, 남편 건강에 사달이 생겼다. 내 계획에 없는 일이었다. 남편은 건강 검진도 꼬박꼬박하였고, 그 나이 때 흔한 대사증후군 하나 없었다. 뒤통수를 세게 맞은 듯 정신이 들었다. 그동안 중요하다고 여겼던 모든 것들이 욕심이었다. 건강하지 못하면 금과옥조도 소용이 없음을 알았다.

우여곡절을 겪고 난 뒤에 남편은 폐암으로 수술을 하였다. 수술 후에는 그를 잠시도 떠날 수가 없었고, 일거수일투족을 세심하게 살펴야 했다. 냄새를 유독 싫어해서 음식은 눈이 쌓여 있어도 밖에서 해야 했고, 밥맛을 잃은 그는 극도로 예민해졌다. 딸기 서너 개로 한 끼를 견디는 그를 향한 연민으로 가슴이 따가웠다. 서로가 말이 없어지고 집안은 깊은 수렁에 빠진 듯이 회색빛이었다. 남편은 몸보다 마음이 더 아픈 사람이 되어갔다.

그가 아프고 얼마간 지난 후부터 나는 세상 밖으로 밀려난 것처럼 외롭고 화가 났다. 일부러 아픈 것도 아닌 사람에게 원망이 생겼다. 그동안 살면서 변변히 해준 것도 없이 태산 같은 근심만 안겨준 사람이라는 생각이 들었다. 그가 나를 힘들게 한다는 억울함이 머리를 어지럽혔다. 이제 나를 위해 좀 살아보려니 그것조차 허락하지 않는다며 심사가 꼬였다. 그렇게 하다가도 어느 날은 다시 아픈 그가 안쓰러웠다. 변덕스러운 마음들이 하루에도 열두 번 뒤죽박죽이었다.

아픈 사람 생각해서 마음을 감추고 유세(有勢)로 가득하던 나의 계획은 다 밀쳐두었다. 우선은 남편의 회복에 혼신을 다해야 할 때였다. 완치되면 그때 다시 생각해보기로 하고, 남편을 원망하는 마음에 스스로 채찍을 가했다. 마음을 다스리느라 머릿속은 가시밭이었다. 얼마 되지 않는 잠깐의 간호도 온 마음 다해서 하지 못한 나의 이기심이 그에게 미안했다.

삶이 계획대로 된다면 세상에 불행은 존재하지 않았을 것이다. 역으로 생각해보면 불행이 있음으로 행복을 알 수 있는 것이 아닐까 한다. 오만함으로 내 삶을 계획하지 않기로 했다. 배우는 것 모두 내려놓았다. 사람이 살아야 하는 것보다 중요한 일은 없을 것이다. 거꾸로 매달려 살아도 이승이 좋다 하지 않은가.

오랫동안 집 짓는 일을 편하게 할 수 있었던 것은 틈틈이 살림을 돌봐준 돌아가신 친정어머니의 가없는 희생이 있었고, 엄마의 손길이 부족하여 불편했을 아이들의 희생이 있었다. 무엇보다 틈나는 대로 현장에 와서 잡다한 일들을 말없이 처리해 준 남편의 숨은 공이 많았다. 우리 가족 모두 함께 애쓰고 고생했다. 그것을 모르면 안 되는 거였다. 마음을 겸손하게 가졌어야 했다. 매일매일 감사하게 여기며 살아야 하는 것을 모르고 모두가 나 혼자 해놓은 것처럼 오만에 차 있었다.

수술한 지 삼 년이 지난 남편은 다행히 건강을 잘 유지하고 있다. 마음에 혼란은 많았지만 지나고 보니 그 시간을 잘 견디었다. 그이는 밭농사에 매달려 열심히 일하며 아무 일 없었던 듯 하루하루 바쁘게 지내고 있다. 간혹 숨차고 힘들어할 때도 있지만 의사 선생님 말씀대로 수술한 것 자체를 잊고 생활하려고 노력하는 것처럼 보였다. 지나간 일에 그만 매이고 이만한 것에 감사하며 살고 싶다.

물은 아래로 또 아래로만 낮게 흘러도 바다에서 모두 만나 하나로 해탈하는 자유를 누린다. 물처럼 매이지 않고 흐르며, 느긋하지만 거침없이 나아가고 싶다.

'부끄럽지 않도록 겸손하게 천천히 그리고 용기 있게.'

성씨 이야기

나는 표암공 자손으로 경주(월성)이가 익재(益齋)공파 40세 손이다. 아들이었다면 희(熙)자 돌림으로 족보에도 쓰였겠지만, 딸이라서 내 이름은 없다. 특별히 족보에 관심을 가져서 알고 있는 것이 아니고 어릴 때부터 수없이 들어서 잊히지 않는다. 할아버지는 어린 손녀에게 경주이씨 자손임을 되풀이해서 말씀하셨고 손녀가 또랑또랑 외우는 것을 다른 사람에게 자랑하고 싶어 하셨다. 내 기억으로는 초등학교 입학 전까지 손님이 오시는 날엔 영락없이 경주이씨 익재공파를 위아래 항렬자까지 줄줄 외웠던 것 같다. 뿌리를 알려 주려 애쓰시던 할아버지는 그렇게 하는 것이 조상에 대한 소임이라고 여겼는지도 모른다.

스무 살 중반에 초계 변씨인 남편과 혼인을 했다. 시댁 동네는 변씨 집성촌이다. 남편은 읍내 중학교에 입학하고 나서야 변씨 말고도 다른 성씨가 많다는 것을 알았다고 한다. 동네 속에 있는 학교에서 출석을 부르면 변 아무개로 시작해서 변 아무개로 끝날 정도였다니 그럴 만도 하다. 지금은 인기 있는 주말드라마 주인공 가족이 변씨로 나오기도 하지만, 남편과 결혼할 때만 해도 춘향전의 변 사또나 영화에 나오는 변강쇠 등 좋지 않은 인물들로만 변씨를 기억하고 있었다.

결혼 후 첫해에 시댁에서 아버님 회갑 잔치를 할 때였다. 서투른 일을 하느라 분주하게 동동거리는 중에 친척 손윗동서 되는 분께서 "이씨라고 하던데 본관이 어디냐"고 느닷없이 물으셨다. 친정엄마 연배와 비슷하신 그 형님은 손끝 야물고 입심까지 좋으셔서 집안의 모든 일에 앞장서는 분이었다. 나는 '경주 이가'라고 분명하게 말하였다. 그런데 형님은 '전주 이가'로 들으셨는지 본인도 '전주 이가'라 하시며 양반 자손은 뭐가 달라도 달라야 한다고 하셨다. 형님에게 '전주 이씨'는 그대로 자부심이 된 듯이 보였다. 뭐가 달라야 하는 건지 몰랐지만 예상 못한 형님의 반색에 당황하여 '경주 이가'라고 되짚어 말하지 못했다.

그 뒤로 형님은 만날 적마다 막냇동생 대하듯 정답게 하셨지만 내내 마음이 편하지 않았다. 할아버지께서 그토록 '경주 이씨 익재공파 40세손'을 말씀하셨는데 나는 아기 때처럼 똑똑하게 말하지 못한 채 형님 앞에서 '전주 이씨'가 되고 말았다. 이제는 일부러 찾아가 밝히기도 우스울 만큼 긴 세월이 지났다.

춘향전에 변 사또는 왜 하필 변 사또일까. 숱한 성씨 중에 변씨라고 한 것이 의아했다. 구전되어 전해 내려왔다고 하니 어디에도 하소연할 수 없지만, 춘향전은 변씨의 아들들에게 태어나면서부터 변 사또라는 별명을 만들어 주었다. 남편에게 어쩌다 "변 사또" 하고 부르면 으레 본인인 줄 알고 대답한다. 명예로운 사또가 아님에도 별명으로 굳어졌다.

아들의 결혼 전 상견례 자리에서 사부인께서 사윗감이 변씨라서 혼사를 조금 고민하셨다고 했다. 이유인즉 아이가 태어나면 변 사또라 놀림을 받을 것이고, 사회생활에서 얼을 직함 붙이기도 좀 그렇지 않겠냐고 하셨다. 사부인의 농담으로 어색한 분위기는 화기애애하게 되었지만 아주 틀린 말도 아니다. 혼사를 고민할 정도는 아니라도 생각은 하셨던 것 같다. 깊이 생각하면 이름 짓기가 수월하진 않다. 항렬대로 맞추어서 지으면 몰라도 고심해서 예쁜 이름으로 지어 보려면 발음이 영 마땅하지가 않은 것은 사실이다. 사회에서 부르는 직함은 받침이나 어감에 따라서 다르다. 변 차장, 변 상무, 변 사장 이 정도면 좋다. 변 점장, 변 소장 어쩌랴. 성씨를 바꿀 수는 없지 않은가. 나는 익숙해서 그런지 괜찮다.

  거꾸로 생각하면 다른 사람이 기억하기는 쉬울 것 같기도 하다. 광고 시대에 힘들이지 않고 나를 알리기 쉬운 것도 장점 아닐까 생각한다. 한 번 들으면 변 사또가 연상 될 것이며 직함에 붙여 부르다 보면 웃음이 날 테니 애쓰지 않아도 상대방이 기억하지 않을까 싶다. 그래도 나는 우리 할아버지의 경주 이씨가 좋다.

유나(瑜娜)

 아들의 흥분된 목소리가 전화기를 타고 들렸다. 오 분 전에 아기가 태어났다고 했다. 우리 시간 2019년 1월 13일 아침 7시 18분이었다. 사진으로 보내온 아기는 부모를 고루 닮아서 오뚝하고 예뻤다. 새벽부터 온종일 집에서 진통하다가 병원에 간 지 두 시간 만에 출산했다고 하였다. 2.7킬로 아기는 이제부터 부모와 많은 사람의 사랑 안에서 건강하게 자랄 것이다. 아기 이름은 '유나'로 지었다고 했다. 외국에서도 부르기 쉽고 뜻으로도 좋은 이름, 한자로는 옥 유(瑜)에 아름다울 나(娜)라고. 유나가 이름처럼 옥같이 빛나고, 깨끗하고, 아름다운 사람으로 성장하길 바란다. 먼 미래, 우리가 모두 없을 때라도 행복하게 살아가기를 간절하게 소망하며.
 유나를 보려고 독일행 비행기를 탔다. 아기 볼 생각에 마음이 설레었다. 사진으로만 보던 유나를 처음으로 만났다. 작은 천사다. 태어난 지 석 달 된 유나가 할아버지, 할머니를 그 맑은 눈으로 한동안 가만히 바라만 보았다. 낯가려서 울까 봐 가슴이 두근거렸다. 유나의 작은 입이 세상에서 가장 예쁘게 뜬 반달이 되었다. 방싯방싯. 유나가 웃었다. 우리도 덩달아 보름달처럼 웃었다. 왈칵 눈물이 났다.

 독일에서 유나 백일을 지내고 집으로 돌아왔다. 꿈결처럼 보고 오니 더 보고 싶다. 보내오는 동영상을 자꾸만 들여다본다. 유나는 아주 조금씩 살이 붙고 조금씩만 큰다고 유나 부모 걱정이 많다. 때가 되면 클 거라고, 안심시킨다.

 유나가 처음 혼자 섰다고 영상을 보내왔다. 아들 얼굴이 세상을 다 얻은 듯이 밝다. 아주 잠깐 아기가 혼자 서있었다. 아기의 모습을 보며 근심 없이 큰 소리로 웃는 아들을 보았다. 괜스레 먹먹하다.

 코로나 19 전염병이 창궐하였다. 유럽은 우리보다 심해서 유나가 피신을 와야겠다고 하였다. 논의 끝에 이십 개월 된 유나가 한국에 오기로 했다. 열두 시간 비행기 타고, 서너 시간 방역 승합차를 타고 청주까지 와야 한다. 이십 개월 된 유나에게는 집으로 오는 길이 너무 멀다.

11월 중순의 날씨가 제법 쌀쌀하였다. 유나가 오는 날이다. 서둘러 가고 보니 우리가 한 시간은 일찍 도착했다. 이미 늦은 시간이라 구청 선별진료소에는 검사받는 사람이 없었다. 해는 빠르게 내려갔고 사방은 휑하니 썰렁하였다. 유나가 도착했을 때는 멀리서 얼굴이 보이지 않을 정도로 사방이 어둑어둑했다. 방역 승합차에서 유나가 내렸다. 가까이 가면 안 되었다. 세상에 태어난 지 스무 개월 아기까지 바이러스 감염이 염려되는 이 시절의 처지가 슬펐다. 적막을 흔드는 짧은 울음으로 유나 먼저 검사를 마쳤다. 건장한 청년 둘이서 검사를 위해 엄마에게 다가오자 유나는 무서워서 놀란 듯 보였다. 엄마 가슴에 얼굴을 묻은 채 울음조차 울지 못했다. 안쓰러웠다. 검사를 마치고 어두운 시골길을 지나서 가덕면 자치연수원 건물에 유나는 엄마와 함께 격리되었다. 집에서 준비한 김밥과 유나 먹을 약간의 간식으로 저녁을 해결하도록 방역 승합차에 실어 놓았다. 유나는 그곳에서 엄마와 하룻밤을 기다리며 코로나 19 검사 결과 탈이 없어야 집으로 오게 될 것이다.

　"아가야, 길었던 오늘 고생 많았다."

　이른 아침 유나가 집으로 왔다. 10시간 만에 나온 검사 결과가 음성이어서 집으로 곧바로 올 수 있었다. 오는 동안 기내에서 감염될 수도 있었기에 결과가 나오기까지 마음을 졸였다. 아기가 와도 얼굴은 창문 밖으로만 봐야 했다. 출입문도 우리가 드나들지 않는 다른 쪽을 사용하였다. 격리 기간 밥도 창문으로 넣어주고 빨래도 따로 했다. 필요한 것은 문자로 주고받았다. 몸은 가까이 있지만, 생활은 외국에 있을 때나 다름없었다. 창문 밖에서 유나를 보았다. 유나는 독일에서 처음 볼 때처럼 가만히 바라보다가 하얗게 웃었다. 유나는 웃음이 많은 아기다. 안아 보고 싶었다.

 격리를 마쳤다. 격리를 마친 후에도 검사를 받고 결과가 음성으로 나와야 식구들과 함께 지낼 수 있다. 이번에는 오창읍에 있는 선별진료소에서 모녀가 검사를 받기로 했다. 마스크를 눌러쓴 채 아기와 엄마를 태우고 내 차로 이동했다. 격리기간 중에 아기도 아기엄마도 열도 없었고 코로나 증상이 없었지만 몸이 좋지 않은 남편과는 철저하게 격리를 지켰다. 겨울이지만 햇살이 있는 한낮이라서 입국하던 날 검사 때처럼 서글프진 않았다. 늦은 밤 검사 결과 음성이라고 연락을 받았다. 마음 졸이는 기다림 끝에 탈 없이 일상으로 돌아왔다.

 유나가 사용하는 단어가 열 개정도 있다. 그중에 독일 말이 다섯 단어쯤이고, 나머지는 한국말이다. 그 단어로 유나는 하고 싶은 표현을 다 한다. 집에 온 뒤로 유나가 말을 하나씩 배우고 있다. 하루가 다르게 말이 는다. 배우는 말을 대체로 똑똑하게 발음하는데 몇 가지는 본인 생각대로 말한다. 볼펜이나 연필은 할 적마다 일러줘도 '요빈'이라고 한다. 요거트는 '오요이'이다. 일회용 비닐장갑은 아무리 알려줘도 '다곰'이라고 말한다. 작은 입으로 하루에 몇 번씩 스케치북을 펴고 요빈 달라하고, 소꿉장난하며 설거지한다고 다곰 달라하고, 배고프면 오요이 달라고 말한다.

"엄마, 요빈 주세요." "다곰 주세요." "오요이 주세요."

우리는 다 알아듣는다. 유나만의 언어다. 유나 아빠가 아기 때 잔디밭을 '조디밭'이라 했듯이, 부전여전인가.

모처럼 유나를 데리고 밖에 나갔다. 겨울이 시작된 십이월의 거리는 스산했다. 유나가 밖을 보며 말했다. '엄마 나무 까 풋, 나무 까 풋' 나무가 망가졌다는 뜻이란다. 유나가 잎 떨군 겨울나무를 망가졌다고 말했다.

유나는 빵을 좋아한다. 케이크를 구우면 냄새부터 안다. 빵을 먹으며 '렉카! 이 맛이야!'(렉카는 독일어로 맛있다)하며 좋아한다. 그 말이 듣기 좋아서 나는 맛있냐고 자꾸만 묻는다.

유나가 독일 집으로 가기로 했다. 넉 달 있었다. 우리 집과 외가를 오가며 유나의 말이 많이 늘었다. 잠자리에 들기 전 조그만 입을 할아버지, 할머니 볼에 대고 잠자리 인사를 빼놓지 않던 유나다.

"잘 자, 낼 마."

우리는 유나가 있는 동안 천사의 선물을 받은 것처럼 달콤하게 잠이 들었다. 막 돋은 강아지풀 같은 손가락으로 달을 가리키며 '달달 무슨 달'을 노래하던 유나가 많이 보고 싶을 거다.

며느리가 유나의 씽씽이 타는 영상을 보내왔다. 한쪽 다리를 번쩍 들고 묘기를 하듯 씽씽이를 탄다. 낯선 곳에서 열심히 제 또래에게 맞게 잘 크고 있다. 26개월 유나의 키는 95센티라고 한다. 키는 중간이상인데 12킬로인 몸무게가 부족하다고 유나 부모 걱정이 많다. 건강하면 괜찮다고 했다. 독일 할머니들을 보며 '우리 할머니 아니네.' 한다는 유나. 어서 한국에 왔으면 좋겠다.

<2021.4>

제3부

공사판 사람들

공사판 사람들

 노동은 신성한 것이다. 모든 노동은 신성하다. 그중 공사판 사람들의 노동이야말로 가장 신성한 것이라고 나는 생각한다. 그들에게 하루 품삯은 그 가정의 하느님일 것이다. 몸이 재산이라고 입버릇처럼 하는 그들 말이 허투루 들리지 않았다. 삶이 거칠다고 거친 곡절만 있는 것은 아니었다. 그들의 삶 속에서 일어나는 사연을 들으며 마음속에 따뜻함이 채워졌고 위로받은 적이 많았다. 그 위로는 고단함으로 흔들리는 나를 다잡는 힘이었다.

 내가 겪은 공사판 사람들은 겉에서 보는 것처럼 거칠지 않았다. 그들의 속내는 청정무구(淸淨無垢)했다. 새벽밥을 해주느라 고생하는 아내에게 늘 미안해하였다. 땀에 절어 소금기가 허옇게 번진 작업복을 가족에게 보이고 싶지 않다고 말했다. 마음은 들꽃처럼 순박하였고, 노동으로 절은 삭신은 애틋하였다. 그들은 상대방 마음을 넘겨 짚어가며 속이려 들지 않았다. 사람을 비뚤게 보려고 하지 않고 보이는 그대로 단순하게 보았다. 기억 한편에서 그분들의 면면을 잊지 않고 있다. 이따금 인편으로 소식을 전해 들으며 모두 건강하시기를 바라는 마음이 간절하다.

  벽돌을 등에 지며 홀로 자식들 뒷바라지하던 아주머니는 오랫동안 현장에서 함께 일하던 분이었다. 화장을 얌전하게 하시고 언행에 품위가 있으시던 그분은 성장하는 자식 자랑으로 힘이 넘쳤다. 자식이 장하다고 자랑이 많았지만 칠순이 되도록 등짐을 놓지 못하였다. 고왔던 그분이 속절없이 늙어가는 모습을 보면서 안타까운 마음은 나 혼자의 몫이었다. 정작 그분은 본인의 능력으로 자녀들 대학까지 공부시키고, 일가를 이루어 잘살고 있음에 긍지를 가지고 있었다. 자식 얼굴에 번진 환한 웃음이 그분 삶에 낙이 되었을 것이다. 어떻게 지내시는지 궁금하다.

  위암으로 위를 반쯤 자르고 먹지를 못해서 등에 배를 붙이다시피하고 현장에 나왔던 페인트 사장님도 잊혀지지 않는다. 노인이 되어서 일을 그만둘 때까지 스무 해가 넘도록 함께 일하던 분이었다. 젊어서 마나님 앞세우고, 나이 들어 아들, 며느리까지 앞세운 그분의 삶은 옆에서 보기에 너무나 참담했다. 칠순을 넘긴 무렵 어느 날인가 그분이 계단에 페인트 작업을 하다가 시너 냄새에 취한 적이 있었다. 취기로 흐트러진 이성은 그분에게 울음을 토하게 하였다. 하지만 울음마저 목에 걸려 꺼이꺼이 숨찬 소리만 낼뿐이었다. 그분을 대신하여 맘 놓고 울어주고 싶었다. 모질어도 살아내야 하는 것이 삶이었다. 이제는 팔순을 넘긴 지 한참 지나셨으니 그동안 쌓인 세월의 더께로 마음이 편안해지셨으리라 믿고 싶다.

 딸만 셋 둔 미장 사장님은 곱상하여 인상이 좋으셨다. 초등학교 동창회에 가면 인기가 좋다고 자랑이 많으셨다. 그분은 내외분이 열심히 일해서 대학가에 단독주택을 마련했다. 둘째인지 셋째인지 딸내미가 약사와 결혼하여 사위가 얼마나 잘하는지 틈날 때마다 이야기가 늘어졌다. 칠순이 코앞인 그분도 기술이 아깝다며 손에서 일을 놓지 않고 있다. 하루 벌이가 적지 않으니 마냥 놀기가 쉽지 않았을 것이다.

 철근을 다루는 일은 한여름 한겨울이 고역이었다. 겨울이면 철근이 손에 눌어붙도록 차가웠고, 한여름 불볕더위에는 손대면 데일 듯 뜨거웠다. 일하는 사람들은 뜨거운 철근을 어깨에 메고도 일이 끊길까 봐 조바심이 많았다. 모두 처자식 건사하며 건실하게 살아가는 남편이고 아버지며 아들이었다. 공사판 사람들, 여름 한낮이면 땀이 쏟아져 탈수 증상으로 소금을 먹지 않으면 일하기가 어려웠다. 현장에서 함께 있지 않았으면 모를 일인 것이다. 집에 있는 아내와 아이들은 가장이 이토록 힘들게 일하고 있는 것을 알기나 할까 하는 의문이 들었던 때가 많았다.

목수는 건물에 골조를 세우는 일로 무거운 거푸집을 온종일 들어야 했다. 철근공은 목수 따라서 거푸집에 철근을 깔거나 심었다. 높은 곳에서 쇠 파이프를 매며 발판을 설치하는 비계공은 현장의 안전에 꼭 필요한 사람들이다. 조적공은 종일토록 벽돌을 쌓았다. 손목에 보호대를 감은 손으로 벽돌을 한장 한장 놓아서 마무리한 높은 건물을 보면 그분들 손이 경이롭게 느껴졌다.

벽에 시멘트를 바르며 건물에 기초화장을 해주는 일은 미장공 담당이었다. 미장으로 매끄럽게 해 놓은 곳에 색조 화장하듯이 건물을 돋보이게 하는 것은 페인트로 도색하는 사람들 몫이었다. 전기기사나 설비 기사는 사람 혈관처럼 건물의 내외부에 전선이나 수도관, 하수관을 설치하였다. 그들은 신중하고 세심하게 일하는 사람들이다. 현장 사람들 대다수가 일에 대한 자부심이 많아서 비굴하지 않았다.

공사판에서는 사람이 서로 유기적인 관계로 묶여 있다. 다른 어느 일터에서보다도 사람과 잘 지내야 하는 것이 첫째인 곳이다. 아무리 좋은 장비가 있다 해도 사람이 없으면 사용하지 못한다. 한 사람 한 사람의 땀으로 건물이 완성되는 것이다. 나는 현장에서 일하는 분들의 노고를 때때로 거룩하게 생각한다. 고역으로 절은 몸을 재산으로 여기는 그분들 삶에 진심으로 경의를 표한다.

지금도 집 짓는 현장을 지나다 보면 남의 일 같지 않다. 가만히 있어도 지치는 무더위에 현장에서 일하는 분들이 여전히 많다. 눈이 쌓여도 해야 할 일이 그득하다. 그렇다고 일이 없으면 살길이 막막하니 사시사철 일해야 먹고 산다. 밖에서 보면 그저 그렇게 보이는 일들이 얼마나 힘든지 알기에 간혹 지나다가, 나는 걸음을 멈춘다.

집 짓는 사람

 집 짓는 일이 직업이었다. 친정 숙부의 권유로 집을 짓기 시작하였다. 어린 시절의 나는 일마다 제대로 매듭을 짓지 못했다. 하다가 그만두는 일이 많아서 일마다 용두사미요 작심삼일이 대다수였다. 물에 물 탄 듯 술에 술 탄 듯 흐릿해서 내 의견을 똑똑하게 말하지도 못했다. 그런 나였지만 집은 시작하면 마무리를 짓지 않을 수가 없었다. 쓰다 버리는 공책이 될 수 없었고, 스웨터를 뜨다가 조끼로 만들 수 있는 것이 아니었다. 시작과 끝이 꼭 있어야 하는 것이 집 짓는 일이었다.

 우리 집을 지은 것이 결혼하고 삼 년 후였다. 순전히 도목수이던 친정 숙부의 도움으로 지었다. 우리 용도에 맞게 짓고 살던 중에 누군가 집을 사고 싶다 해서 두어 번 매매하다 보니 집을 짓게 되었다. 그때 숙부께서 요즘 세월에는 남녀 구별이 없으니 네가 직접 집을 지어보라며 차근차근 알려 주셨다. 서른 살도 채 안 되었을 때였다. 일하는 분들과의 소통, 도면 보는 법, 건축자재 구입하는 법 등을 현장에서 배웠다.

지금도 그렇게 생각하는 사람이 있겠지만, 삼십여 년 전에는 여자가 집을 짓는다고 하면 색안경을 끼고 보는 것이 다반사였다. 억척스러운 사람으로 보는 것은 물론이었고 사람 자체를 있는 대로 보려 하지 않았다. 자격지심이었는지 모르지만, 다른 이들의 선입견이 마음 쓰여서 차림새며 말씨에 각별하게 조심하던 기억이 새롭다.

남이 뭐라 말하든 나는 건축 현장의 역동적이고 생동감 넘치는 분위기가 좋았다. 공사를 시작하는 날 새벽이면 집 지을 터에 막걸리를 넉넉히 뿌렸다. 무사히 공사를 마칠 수 있기를 바라는 간절한 마음으로 종교를 떠나서 하는 나 나름의 의식이었다. 목수 반장이 미리 숙지해둔 도면에 의해서 줄을 띄우고 집터 높이의 중심점을 기점으로 깊이를 표시하면 그것에 의해 장비로 터파기를 시작하였다. 그때부터 그 집의 역사가 시작되는 것이다.

집을 짓기 시작하는 첫날의 현장은 언제나 설레었다. 일하는 분들도 새 일이 시작되었다는 안도감이 생김으로 뿌듯하고 흐뭇해하였다. 흔히들 시장만큼이나 경기를 잘 타는 곳이 공사판이라고 말하고 있다. 공사판 사람들은 일이 있으면 수입이 있고 일이 없으면 수입이 없는 하루 벌이 노동자이기 때문이다. 어지간하게 집 한 채 지으면 그 일로 밥을 먹고 사는 사람이 식솔까지 따지자면 수백 명이 된다. 새로운 일을 시작하는 것은 당분간 그들의 살림살이를 한숨 돌리게 할 것이므로 서로가 밝고 기대에 찬 첫날이었다.

인터넷 발달로 일자리가 많이 없어졌지만, 아직도 건축 현장에는 사람이 꼭 해야 하는 일이 많다. 장비가 좋아서 옛날처럼 등짐을 져다 콘크리트 작업을 하는 것은 아니지만 위험해도 사람이 해야만 하는 일이 적지 않다. 적게 잡아도 서른 가지 이상의 공정을 거쳐야 집이 완성된다. 보통 주택 한 채 짓는 기간은 크기나 규모에 따라 다르지만 설계서부터 준공하고 입주까지 빨라도 오 개월 정도는 걸린다. 그 기간, 많은 사람이 온 힘을 다해서 집을 짓는다. 짓는 과정도 그렇지만 살면서 담기는 사람들의 희로애락이 집과 함께 시작되기 때문에 집을 짓는 것은 새로운 역사의 시작이라는 생각이 들었다.

흙벽돌을 쌓아서 서까래를 걸치고 대들보를 올리며 온 가족, 온 동네가 합심하여 집 짓던 시절이 있었다. 고생스럽다는 뜻으로 집 짓기, 밥 짓기라는 말도 그때부터 생기지 않았나 싶다. 집을 짓는 사람도 힘들지만 일꾼들에게 아침 새참, 점심, 오후에 또 새참을 해대야 하는 여자들도 보통 고생스러운 것이 아니었으니 그런 말이 저절로 나왔을 것이다. 요즘 집짓기는 분야별로 식당을 정해 놓고 밥을 먹으니 옛날처럼 밥 짓기를 하지는 않는다. 예전보다 전문화되고 체계가 잡혀서 일이 쉬워진 것 같기도 하다. 하지만 건물 규모가 커지면서 공정이 더 엄격해진 것도 사실이다. 인력보다는 큰 장비를 많이 사용하다 보니 위험한 일이 더 늘었다. 집 짓는 동안 가슴 두근거리는 일을 견디어야 하는 과정들이 부지기수였다. 그렇다 해도 공정을 하나하나 거치며 완성되어가는 보람과 희열 또한 적지 않았다.

보기에도 좋고 살기에도 좋으며 재미있는 집을 지으려고 수없이 생각하고 고심했었다. 젊을 때 지은 집들은 마음껏 창의력을 발휘해서 하고 싶은 대로 이것저것 다 해보았다. 집마다 다락방은 필수요, 이층을 삼층처럼 쓸 수 있도록 오밀조밀 멋을 내고 화려하게 꾸몄었다. 법 테두리 안에서 할 수 있는 한 무엇이든 더 넣으려고 하고 만들려고 애를 썼다. 옥상 화단이며 천정에 창을 내서 밤하늘을 볼 수 있게 하는 것도 더러 하던 일이었다. 한옥 마당을 본떠서 집 가운데 중정(건물 안쪽 가운데 마당)을 두는 것도 자주 해보던 일 중 하나였다. 아파트가 주택의 전부인 것으로 생각하는 요즘 시절에 애 많이 썼다.

그렇게 많은 궁리를 하며 집을 지었지만, 이제는 생각이 달라졌다. 점점 단순한 것이 좋고 계단 없이 단층으로 펼쳐

놓은 집이 좋다. 겨울에는 해가 잘 들어 따뜻하고 밝으면 되고, 여름이면 앞뒤 창으로 바람이 잘 통하는 집이면 그것으로 족하다. 모양은 제쳐두고, 살기에 편안한 집이 최고라는 생각을 하게 되었다. 거기에 작더라도 주택의 장점인 마당을 잘 살리는 쪽으로 고심하고 싶다. 집은 한 번 지으면 오래도록 그곳에 누군가는 살게 되므로 모양보다는 나중까지 큰 하자 없이 편안하게 살 수 있어야 한다는 것이 요즘의 내 생각이다.

다른 일도 그렇겠지만 집짓기의 구상과 설계는 오랫동안 생각하고 점검하면 할수록 시행착오가 덜하다. 꼼꼼한 계획과 가족 구성원 개개인의 취향이나 소망을 담아서 정확한 설계에 의한 시작만이 기초가 무난하게 될 것이다. 기초와 골조가 잘 되어도 마무리가 잘 안 되면 만사가 허사가 될 터이니 끝까지 공정마다 세심하게 점검하고 긴장하며 살펴야 잘 마감할 수 있다. 집도 사람처럼 살면서 가꾸고 다독여야 한다. 잘 지은 집도 함부로 하면 오래가지 못하고 망가진다. '집은 가꾸기 나름'이라는 옛말이 괜한 말은 아닐 것이다. 집 한 채 지을 때마다 흰머리가 늘기도 하지만 내 생각에는 그보다 더 보람되고 성취감이 큰일도 드물다. 집 짓는 일을 알려주신 숙부께 늘 감사하게 생각한다. 다음 생이 있다면 나는 또 집 짓는 일을 하고 싶다.

우즈베키스탄에서 온 청년

집 옆에서 봄부터 상가를 신축하고 있다. 무더위에 일하는 사람들을 보면 남 일 같지 않아서 마음이 쓰인다. 공사판에서 일하는 분들과 함께 건축 일에 종사하였기에 느끼는 감정도 다르다. 그분들은 대다수가 평생을 뙤약볕이나 추위 속에서 묵묵히 힘든 일을 다 하였다.

그렇게 공사판에서 일해서 집도 마련하고 자녀들 공부 뒷바라지하여 성장한 아들딸 결혼도 시켰다. 이제는 쉬엄쉬엄 일해도 되겠지만 그분들은 지금도 바쁘다. 공사 현장에는 일할 사람이 적다. 그분들은 쉬고 싶어도 쉬기가 힘들다고 한다. 생활도 해야겠지만 일할 사람이 없는 공사장에서 자꾸만 찾으니 힘에 부치는 일을 계속하고 있다. 공사 현장에는 젊은 사람 보기가 쉽지 않다. 힘든 일을 배우려는 젊은

이가 찾기 힘들다. 공사판에서 오십 대 나이면 청년 축에 든다. 목수 일이나 미장일하는 아저씨들은 우리 세대 지나면 누가 집 짓고 건물 올리겠느냐며 소용도 없는 걱정을 한다. 기계나 장비가 많은 일을 처리한다고 하지만 아직 건축 현장에서는 사람이 해야 하는 일이 많다.

취직이 안 되어서 부모님께 얹혀사는 캥거루족이 내 주변에도 더러 있다. 반면에 일손이 필요한 곳에는 일할 사람이 없다. 부모 세대의 고생을 대물림하지 않으려고 너도나도 자식에게 힘들게 대학까지 공부시킨 것이 오히려 일자리 찾기를 어렵게 만든 것은 아닌지. 건축 현장에서도 배울 수 있는 기술의 종류가 많고 수입도 적지 않다. 그럼에도 불구하고 요즘 젊은 사람 중에 평생 직업으로 공사판에서 일하려는 사람이 몇이나 될까. 아버지 세대에는 하던 일을 아들 세대에는 힘들어서 못 할 거라는 생각을 한다. 부모부터도 그러기를 원하지 않을 것이므로 뭐라고 말할 수 없는 현실이다.

현실이 이렇다 보니 공사 현장에는 외국인 근로자가 많은 편이다. 특히 힘들고 위험한 거푸집을(콘크리트를 타설하기 위한 틀) 해체하는 일은 거의 다가 외국인 몫이다. 요즘 들어서는 도면을 보면서 해야 되는 목수 일도 외국인 근로자가 하는 현장도 있다고 한다. 육칠십 년대 우리의 형제나 이웃이 외국에 나가서 그랬던 것처럼 외국에서 우리나라에 온 근로자들이 생각보다 많다.

  일하다 보면 외국인 중에도 간혹 잊히지 않는 사람이 있다. 일용직 근로자였지만 한국말을 잘해서 의사소통에 지장이 없던 우즈베키스탄에서 온 청년이었다. 그는 거푸집 해체 팀의 반장이었다. 그는 대학 다니면서 한국에 오려고 한국어를 열심히 공부했다고 한다. 한국 온 지 4년 되었고, 가족들이 보고 싶지만 참고 있다고 하였다. 일해서 번 돈을 꼬박꼬박 집으로 송금하고 이곳에서는 거의 돈을 쓰지 않고 지낸다고 했다. 그 돈으로 고국에 있는 아내가 부모님 모시고 아이 둘 건사하며 산다고 하였다. 새참 시간에 그가 하얗게 이를 드러내고 웃으며 가족사진을 보여준 적이 있다. 그냥 봐도 누구인지 짐작되는 사진 속의 사람을 하나하나 손가락으로 집으며 알려주었다. 아버지, 어머니, 아내, 아들 둘, 여동생, 가족을 가리키는 손끝에 그리움이 한가득 묻어 있었다.

  그가 일없는 날 저녁때 우리 현장에 와 있는 것을 우연히 보았다. 다음 일해야 할 현장을 미리 방문해서 어떻게 작업을 할 것인가를 계획하려고 찾아와 본다고 하였다. 일과를 마친 뒤에 현장을 보러 오는 것은 특별한 경우가 아니면 모두가 귀찮게 여겼다. 하물며 외국에서 온 거푸집 해체를 하는 일용직 근로자에게는 쉬운 일이 아니었다. 놀랍게 생각하는 내게 그가 말했다.

"본인이 성실하게 일을 잘하면 우즈베키스탄 사람은 일을 잘한다고 이곳 분들에게 인식이 될 것이다. 그래야만 본국의 청년들이 일하러 많이 올 수 있다."

대학을 나와 공사판에서 일용직으로 일하면서도 나라 생각과 일자리 이야기를 하던 그 청년의 말이 내내 잊혀지지 않았다.

김 군

 김 군은 현장의 꽃이었다. 현장에서 김 군이 보이지 않으면 두리번거리며 누구든지 그를 찾았다. 그는 둥글둥글한 얼굴에 수염을 깎지 않아서 덥수룩한 모습으로 다닐 때가 연중 반이었다. 그런 그를 보며 현장의 아저씨들은 산적이라고 부르기도 하고 소도둑 같다고도 하며 농을 자주 했었다. 그런다고 노여움을 타기는커녕 씩 웃으며 아저씨를 뒤에서 슬며시 껴안아서 번쩍 들고는 한바탕 힘자랑하는 것이 그의 주특기였다. 여러 일이 겹치고 엉키어 우왕좌왕할 때면 슬그머니 캔 커피 하나씩을 돌렸다.
 그에게는 한 걸음 멈춰가도록 적당할 때 쉼표를 찍는 재주가 있었다. 본인 분야가 아니더라도 현장에 불편한 일이 있으면 홍길동처럼 출동하여 해결해 줄 때가 많았다. 그러니 여기저기서 김 군을 불러댈 수밖에 없었다.

 김 군은 신축년(辛丑年) 올해로 하늘의 명을 안다는 쉰 살이 되었다. 그를 처음 만난 것은 그의 나이 스물 예닐곱이었을 쯤으로 기억하고 있다. 스무 해가 넘도록 현장에서 함께 지낸 셈이다. 그는 처음 몇 해 동안은 전기공사 뒷일을 따라다니던 현장의 막내 김 군이었다. 나이 서른이 넘으면서 김 군으로 부르기가 뭐해서 김 기사로 부르기 시작했다. 공고를 졸업하고 전기공사 일을 수년 동안 하였으니 기사 직함에 맞게 일을 척척 잘 해냈다.

 전기공사는 일의 특성상 건축을 시작할 때부터 끝날 때까지 현장에서 가장 길게 일하는 분야였다. 현장의 모든 기계가 전기가 없으면 작동할 수가 없음으로 건축할 때 먼저 하는 일이 전기를 들어오게 하는 것이었다. 시작도 그렇지만 터파기할 때나 콘크리트 타설할 때도 전기기사가 때맞추어 할 일이 적지 않았다. 전기공사는 한전에서 검사를 완료하고 전봇대에서 전기를 공급받은 후에 준공검사를 마칠 수 있었다.

 그런 다음 준공청소를 마치고 나서 등을 달고 불을 밝혔다. 혹여 청소하다 먼지가 새 등을 가리게 될까봐서 먼지 없이 깨끗한 상태에서 등을 다는 것이 내 나름의 순서였다. 등 다는 것을 김 기사에게 맡겼던 우리 현장에서는 다른 분야보다 오랜 시간 남아 있었다.

그는 우리 현장에서 모르는 사람이 없을 만큼 사람들과 스스럼없이 잘 어울렸다. 드물게 새로운 사람이 현장에 올 때도 김 기사의 붙임성에 어색하지 않게 일을 시작하게 되었다. 그러다 보니 현장 모든 연락책이 김 기사였다.

"내일 일 어떻한댜? 한다는겨? 안 한다는겨?"
"철근 다 넣었어? 공고리 몇 시부터 친다는겨?"
"장비는 언제 온댜?"
"목수 일은 언제 끝나?"

분야별로 전화를 받은 김 기사는 그 말들을 전해주었다. 직접 전화하면 될 것을 왜 나한테 전화들을 하는지 모르겠다며 구시렁대지만 싫지 않은 기색이 역력했었다. 아저씨들이 그와 통화하기가 만만해서 그랬을 것이다. 현장에서 누구든 가정에 애경사가 있으면 김 기사에게만 연락하면 되었다. 언제 연락처를 주고받았는지 모르게 현장 사람들 전화번호를 모두 저장해놓고 있었다. 우리 현장은 김 기사만 있으면 만사형통이었다.

작은 업체에서 십여 년간 일하던 그는 사장이 갑작스레 일을 접는 바람에 일자리가 없어질 상황이 되었다. 심란해서 현장 일에도 지장이 있게 생겼다. 그동안 일하는 것을 보면 혼자 독립해도 될 만큼 일을 잘했다. 첫째 그렇게 만만하게 함께 일할 사람이 없었다.

"김 기사, 이참에 독립하는 게 어떨지 생각해봐."
"서류 관계를 어떻게 처리하는지 잘 몰라서요."
"저축한 돈은 좀 있어?"
"큰돈 드는 게 아니라 그 정도는 있어요."
"그럼 걱정하지 말고 우리 일부터 살살 해봐. 서류는 물어가며 하면 되지."

그렇게 김 기사는 독립하여 어엿하게 자기 사업을 하게 되었다. 그만두는 사장으로부터 차량과 기계 등을 인수하고 그동안 알고 지내던 분의 사무실에서 일을 시작했다.

김 기사는 이제 사장이 되었다. 왠지 김 기사를 김 사장으로 부르기보다는 김 소장으로 부르는 게 입에 편하게 붙었다. 그때부터 우리 현장에서는 김 기사를 김 소장으로 불렀다. 김 군에서 김 소장이 되는 기간이 그리 길지는 않았다. 마흔 초반에 빠른 성공을 한 셈이었다. 김 소장은 사람이 건실하므로 한두 군데 일이 늘어나더니 코로나가 창궐한 이 시절에도 쉬지 않고 할 만큼 일거리가 많다고 했다. 얼마나 다행인가. 생각할수록 고마운 일이다.

김 소장은 내가 집짓기를 그만둔 지 몇 해가 지났지만 여전히 안부를 물어온다. 그를 통해서 현장에서 함께 일하던 분들의 소식을 들을 수가 있다.
 인연이 이렇듯 소중하게 이어지니 그것은 순전히 그의 순수한 인품 때문일 것이다.

젊은 그대

 수년 전 비바람이 몹시 치던 날이었다. 새로 조성한 택지에는 집이 드물게 몇 채 있었다. 한적한 동네 안에 망치 소리가 운율이 되어 넓게 퍼졌다. '뚝딱 뚜두 딱, 뚝딱 뚜두 딱.' 작은 방 창을 열고 소리 나는 곳을 확인하였다. 집 건너편, 일하고 있는 공사 현장에서 나는 소리였다. '비 오는 날은 공치는 날' 공사판 사람들이면 누구나 알고 있는 노랫가락처럼 떠도는 말이다. 느긋하게 쉬기에 제격인 이런 날 일하는 사람이 누구인지 안 봐도 알 수 있었다. 하루에 서너 사람 몫에 일을 혼자서 해치우는 목수 반장이었다. 그때부터였나! 혼자 일하던 그의 모습은 오래된 영화의 한 장면으로 남아있다. 잊으려 해도 잊히지 않는 잔상으로.
 그는 사십 대 초반으로 공사판에서 보기 드문 젊은이였

다. 도목수로 집을 짓는 데 가장 중요한 역할을 하는 사람이었다. 그 밑에 일하는 분은 모두 그보다 나이 많은 어른들이었으며 아버지 같은 분도 있었다. 여남은 되는 사람들에게 각자 몫에 일을 잘 배치했으므로 현장에서는 일사불란하게 그의 지시를 잘 따랐다. 그는 새벽에 나와서 밤이 늦도록 일하는 사람이었다. 사람들 퇴근시키고 혼자서도 쉬지 않고 일했다. 휴일이 없었다.

그와 일하는 목수들 이야기를 들어보면 반장은 사람이 너무 차서 말하기 어렵다고 했다. 일 욕심이 많아서 자기들이 고루 나누어 할 일을 혼자서 해 버려서 일감이 줄어들까 걱정된다고도 하였다. 그렇지만 신용이 철저해서 간주 날 한 번 어기지 않아서 괜찮다고 했다. 매사에 철저하고 과묵해서 좋다며 어느 날은 칭찬도 아끼지 않았다. 십수 년 나와 함께 일 하면서 그가 허튼 소리하는 것을 들어본 적이 없었다. 현장에서 실없이 하는 정치 이야기에 한 번도 자기 의견을 내보이지 않았다. 일밖에 모르는 사람처럼 열심히 일만 했다.

반장님과 일할 때는 걱정이 없었다. 도면을 잘 파악할 줄 알아서 더러 설계가 잘못된 것이 있어도 현장에서 바로 잡을 수 있었다. 그림으로는 그럴듯해도 실제 건축이 완공되었을 때 쓸모없거나 실무와 맞지 않는 부분들도 잘 집어냈다. 도면을 보다가 현장에서 바꾸고 싶은 부분이 있으면 부담 없이 말할 수 있어서 좋았다. 짜증 내지 않고 꼼꼼하게 점검하여 차질이 없었다. 그는 새로운 공정을 잘 이해했다. 여러 면에서 사람들은 정해진 틀에서 벗어나는 것을 번거로 워하며 귀찮게 여겼지만, 그는 그런 일들을 두려워하지 않았다. 소문 듣고 이곳저곳에서 그를 찾는 사람이 많아졌다.

 대다수 일하는 사람들은 건물에 따라 평당 시공가격을 정해놓고도, 생각보다 일이 많아지거나 까다로운 일이 있으면 십중팔구 가격 조정을 다시 하고 싶어 했었다. 반장님은 한 번 정하면 군말을 하지 않았다. 본인이 약속한 일에 묵묵히 정한 대로 하였다. 그는 점점 바빠졌다. 그와 일하려면 몇 달 전에 예약해야 할 정도로 일이 많았다. 그의 성실함을 생각하면 당연한 결과였다. 그와 일하면서 늘 든든하고 편안하였다. 그리고 고마웠다.

 바람이 몹시 불던 날, 아는 사람에게서 전화가 왔다. 시내 어느 현장에서 거푸집을 해체하던 반장님이 추락했다고. 시간이 멈춘 듯 아득했다. 그리고 다음 날 부고 문자를 받았다. 그는 비가 오나 눈이 오나 바람이 부나, 유행가 가사처럼 공사판에서 일만 하던 사람이었다. 마흔 몇 해 온 힘을 다해 살았던 그. 홀로 일하다가 발을 헛디디는 사고로 다시 못 올 먼 길로 떠났다.

 어느 해인가 늦가을 저녁 어스름할 때, 반장님은 아랫녘에서 형님이 보내왔다며 감 한 상자를 수줍게 들고 왔었다.

그 모습이 눈에 선하다. 그는 언제인가 나에게, 모아놓은 돈이 좀 있다고 슬며시 말한 적 있었다. 작은 상가 하나는 지을 수 있다고 자랑하며 눈에 웃음이 한가득하였다. 그는 미래를 위해서 저축을 열심히 한다고 했다. 꿈에 부풀어 미래를 계획하던 그날이 엊그제 같은데 젊으나 젊은 나이에 그렇게 되었다. 처자식 먹고사는데 걱정 없게 하려고 그토록 쉬지도 않고 일했던 것일까. 삶이 허망하게 느껴졌다. 나는 무엇을 위해 이렇게 앞만 보고 숨차게 달리고 있는가를 생각했다. 한 치 앞을 모르고 사는 것이 우리네 삶인 것을. 그의 부재는 한동안 믿어지지 않고 심란했다.

그렇게도 일을 많이 하던 목수 반장님, 젊은 나이에 하늘나라에 가서는 무엇을 하고 있을까. 뚝딱 뚜두 딱! 천국에서도 부지런히 집을 짓고 있으려나.

인연

 무더위에 세 주고 있는 방에 에어컨이 고장 났다고 연락이 왔다. 서비스 센터에 접수했더니 며칠 만에 온 기사의 말이 실외기가 고장 나서 고치려면 새 제품을 살 만한 돈이 들어야 한다고 했다. 그것도 바로 되는 것이 아니고 또 며칠을 기다리란다. 새것을 사려고 해도 수일을 기다려야 설치를 해준다고 하니 무더위에 세입자 보는 것이 바늘방석이었다. 이렇게 하다가는 여름이 다 지날 판이다 싶어서 예전에 함께 일하던 에어컨 시공 사장에게 혹시나 하는 마음으로 부탁했다. 많이 바쁜 사람이라 연락하면 폐가 될 것 같아서 그냥 해결하려고 했지만 답답한 마음에 도움을 청한 것이다. 사나흘 뒤 어둑한 저녁, 까불어질 듯 피곤함에 절어서 온 그는 한두 시간 만에 시원하게 해결하였다. 고장 상황을 미리 알려 주었으므로 중고 실외기에 있던 부속을 가지고 와서 쉽게 고친 것이라고 했다. 서비스 센터에서 말하던 비용에 비하면 조족지혈이었다. 비용을 떠나서 빨리 고쳐준 것이 그저 고마웠다.

그를 알고 지낸 것이 근 스무 해는 되었다. 아직 청년티를 못 벗은 곱상한 얼굴로 에어컨을 설치하고 다니는 기술자였다. 다가구 주택을 지으면 기본 옵션으로 에어컨을 설치하고 있었기에 집을 완공하면 봐야 하는 사람이었다. 가격이 양심적일뿐더러 정확하고 빨라서 그는 일이 많았다. 에어컨 사장 혼자서 사부작사부작하던 일이 늘어나기 시작한 어느 날부터 수더분해 보이는 안식구가 함께 와서 뒷일을 거들고 있었다. 그의 안식구는 큰 병원 간호사였다. 결혼하면서 아이들 키우느라 일을 그만두고 집에 있다 보니 무료해서 남편 일을 거들어 주려고 따라다닌다고 하였다. 조곤조곤하게 말도 잘하고 붙임성이 있어서 금방 가까워졌다. 그러다가 방마다 텔레비전, 세탁기, 냉장고 등 가전제품까지 갖춰놓아야 하는 것으로 시절이 바뀌었다. 그때부터 에어컨 사장 안사람이 가전제품 구매를 맡아서 납품하기 시작했다. 적지 않은 금액이 들었지만 착실하던 내외라서 일을 맡기면 다른 사람보다 믿음직스러웠다.

남매를 두고 있는 그들은 누가 봐도 보기 좋게 잘 사는 부부였다. 안식구는 바쁜 중에도 철마다 햇과일을 뜬금없이 눈이 번하도록 사 들고 왔었다. 꽃게 철이면 어느새 게장을 담가오기도 했었다. 밭에서 막 따온 싱싱한 딸기를 한 소쿠리 들고 와서 배가 부르도록 딸기를 먹게 했던 그녀. 딸기는 핑계이고 동기간처럼 정 좋게 이야기를 한참씩 나눌 만큼 살가웠다. 현장에 어질러놓은 것이 있으면 서슴없이 비를 들고 청소를 마치고 가는 바지런함도 있었다. 그러니 그들 내외를 좋아하지 않을 사람이 어디 있을까. 각자 거래처가 많아졌다. 남편은 에어컨을 설치하느라 바쁘고, 아내는 가전제품 납품하느라 바쁘고, 내외는 눈코 틀 새 없이 바빠 보였다.

어느 날인가 그렇게 바쁘던 에어컨 사장이, 근심 가득한 얼굴로 현장에 왔다. 아내가 가슴인지, 림프샘인지 아프다고 하였다. 그리고 얼마 뒤 수술하였다는 말을 들었다. 또 얼마 뒤 다행히 수술이 잘 되어서 괜찮다고 했다. 병원에 근무하였으니 어련히 알아서 잘했을까. 근심을 털어내며 소식을 기다렸다. 생각대로 다시 또순이처럼 현장에 드나들었다. 남편 시중도 들고 가전제품도 여전히 납품하면서.

그렇게 두 해쯤 아무렇지 않은 듯 지났다. 몇 달 뜸하다가 텔레비전이 몇 대 필요해서 연락했더니 사나흘 뒤에 가지고 왔다. 그녀는 허리를 펴지 못하고 밝던 얼굴 안색이 좋지 않았다. 손을 잡고 괜찮은가 물어보았더니 배시시 웃기만 하였다. 그녀와 그것이 마지막이었다. 보름 후, 장례식장

흰 국화를 두른 사진 속에서 평소처럼 웃고 있었다. 스산하고 쓸쓸했다. 중학교 다니는 딸, 초등학교 다니는 아들, 젊은 에어컨 사장이 상복을 입고 상주가 되어 있었다. 엄마가 입혀주고, 아내가 입혀준 상복을 입고 그들은 멀뚱하니 거기 있었다.

여덟 번 해가 바뀌었고 아이들은 엄마가 없어도 어른이 되었다. 아이들의 아버지는 아내가 없으니 온갖 일에 지치며 늙어갔다. 고달파서 돈도 귀찮다는 그를 부르기가 미안하였다. 어지간하면 나 하나라도 찾지 말아야 하는데 그만한 사람이 또 없다.

끝나지 않은 일

 뒤늦은 장마가 무섭게 비를 쏟아 붓는다. 긴장으로 목덜미가 뻐근하다. 연신 소리치는 긴급재난 문자가 속을 까맣게 태우는 것 같다. 시내 곳곳이 물에 잠겨 교통이 통제되고 무심천 수위가 위험하다고 실시간으로 뉴스를 한다. 속수무책이다. 피해가 크지 않기를 바라는 마음 간절하다. 천재지변이긴 하지만 어느 건축가가 한 말을 절감하는 중이다. '건축하는 사람은 영원한 미결수다' 집을 얼마나 잘 지어야 하는지를 단적으로 해주는 말이다. 그동안 지은 집들을 마음속으로 그려보며 폭우에 탈 없이 안전하기를 바랄 뿐이다.

 이번 장마가 시작되기 며칠 전이었다. 무엇 때문인지 모르게 늘 불안하던 참이었다. 밤늦은 시간에 제부에게서 전화가 왔다.

"처형 놀라지 마세요. 큰일은 아니고……."
평소보다 가라앉은 제부의 목소리가 떨리고 있었다.
"집에 불이 났어요. 다행히 다친 사람은 없으니까 걱정하지 마세요."

십 년 전쯤 지은 집이다. 뭐가 잘못되었던 일을 해결하려면 내가 있어야 했다. 심장이 쿵 내려앉는 느낌이다. 다리가 후들거렸다. 마침 동생 집 근처에서 늦게까지 일을 보고 있던 남편에게 서둘러 가보라 했다. 동생 집에 도착한 남편이 걱정하지 말고 밝은 내일 오라고 한다. 그 말을 듣고 호흡을 가다듬었다.

제부는 상고를 졸업 후에 전봇대에 붙여놓은 법원의 직원 모집 광고를 보고 취업하여 공무원이 되었다고 했다. 스무 살 청춘에 입사하여 퇴직을 앞둔 지금까지 법원 공무원으로 근무하는 것을 천직으로 아는 성실하게 살아온 가장이다. 동생 내외는 본인들이 태어나고 자란 고향인 그곳에 터를 마련해 놓고 노후대책을 염두에 두고 집을 짓기로 하였다. 청년에서 장년이 되도록 법원에 근무하며 아이들 뒷바라지 마치고 알뜰하게 모아 놓은 돈으로 다가구 주택을 지었다.

이튿날 가서 본 화재 현장은 겁 많은 동생이 얼마나 마음

고생이 심했을지 한눈에 보였다. 일 층 현관 입구 배전반에서 불이 시작되었다고 했다. 간혹 오래된 차단기가 느슨해지면서 열이 발생하여 그런 경우가 있다는 것을 처음 알았다.

  소방대원의 빠른 대처로 계단과 복도만 그을린 채, 인명 피해 없이 불을 조기에 진화 할 수 있어 천만다행이었다. 하지만 아홉 가구나 되는 집에 전기가 들어오지 않아서 불편한 것은 물론이고 구석구석 손 볼일도 많았다. 일할 사람을 신속히 섭외하여 연이틀 야간작업을 하여 사흘 만에 전기는 들어왔다. 동생 내외는 전기가 들어온 것만으로도 살 것 같다고 한시름 놓은 듯 보였다. 현관문과 계단의 유리며 창문은 모두 바꾸었고, 타일도 철거하고 새로 시공하였다. 페인트 공사만 하면 마무리가 될 정도로 생각보다 일이 빨리 진행되었다. 놀랐을 동생 때문에 맘 아픈 것은 차치하고, 집 지은 사람으로서 마음이 편하지 않았다. 그나마 폭우 내리기 전에 신속하게 마무리할 수 있던 것으로 위안을 삼았다.

  다행히 일가 형제가 소박하게 집 한 채씩은 지니고 있다. 모두 내가 지은 집이라 해도 과언이 아니다. 그러다 보니 집에 관하여 어지간한 문제는 내 소관이 될 때가 많다. 내 손으로 직접 일을 하지는 않지만, 마음 쓰이는 일이 적지 않았다. 작은 일부터 누수나, 보일러 설비, 전기, 타일, 싱크대, 고장 등 살다 보면 해마다 손 볼일들이 조금씩 생겼다. 일가

친척이 아니어도 수십 년 일하다 보니 대추나무 연 걸리듯 거절 못 할 하자들이 있다. 잘 모르는 분들의 고충도 듣다가 얼마나 답답할까 싶어서 참견하다 보면 내 일이 되어버리는 경우가 생기기도 했다. 가끔 힘에 부칠 때도 있었다. 하지만 내게 주신 능력이라고 여기며 감사하게 생각하려고 지금까지 노력하고 있다.

비가 많이 올 때도 그렇지만, 태풍이 불고 눈이 쌓여도 마음이 불안하고 부대낀다. 집 짓는 사람은 일을 그만둔 후의 생활도 마냥 편할 수가 없다는 생각이 들 때가 많다. 지은 집을 관리하는 것에는 끝이 없을 것 같다. 요즘 같은 시절에 끝없이 일할 수 있는 것에 감사해야 할까.

바람이 되어

　'당신이 만나는 모든 사람은 당신이 알지 못하는 상처를 가지고 있다. 따라서 서로에게 친절해야 한다. 다른 사람을 함부로 판단해서는 안 된다. 누구나 저마다의 방식으로 삶을 여행하고 있기 때문이다.'
　(『좋은지 나쁜지 누가 아는가』, 류시화의 책 중에서)

　이즈음 마음에 새겨두고 있는 글이다.
　그리고 보니 살아오면서 상대방의 삶을 멋대로 해석하고 내 잣대로 보려고 할 때가 많았다. 보기에는 별것 아닌 일로 힘들어하는 것 같아서 마음을 다하여 들어 보려고 하지 않았다. 내 아픔에 비하면 그깟 일은 아무것도 아니라고 생각하기 일쑤였다. 곁에서 보는 것과 다르게 당사자에게는 하늘이 무너지는 것처럼 크게 느껴질 수도 있음을 생각하지 못했다. 우리는 모두 자기 그릇에 맞게 혹은 넘치게 '삶이라는 짐을 지고 먼 길을 걷는다.'는 말을 되새긴다.

　지난날, 남의 아픔에 인색하였음을 많이 반성한다. 아! 나는 병이 깊은 어머니에게조차도 연세가 있으니 아픈 것이라는 모진 생각으로 살갑게 하지 않았다. 되돌릴 수 없는 회한이 가슴에 켜켜이 쌓여있다. 내 아픔이 태산처럼 크다고 여기며 하늘에 계신 분을 원망하는 것으로 세월을 허비했다.

　아기 때부터 유달리 나를 따르던 아끼고 사랑하는 고종사촌 동생이 있었다. 동생은 남편이 운영하던 회사에서 근무하다 사고를 당했다. 사고 나던 날 전화기 너머 남편의 떨리는 음성을 지금도 가슴이 저리도록 기억한다. 온몸에서 피가 빠져나가는 느낌이 그러할까. 동생은 그날까지만 출근하기로 해서 마지막으로 근무하던 날이었다. 그날, 동생은 옥상에 빌보드 광고판을 설치하다 추락하는 사고로 우리 곁을 떠났다. 2001년 4월 19일 삼십 대 초반 청춘인 동생의 사망신고서를 내 손으로 작성해야 했다. 부모나 다름없던 고모 내외분에게 씻을 수 없는 고통을 드렸기에 나는 살기도 힘들고 죽을 수도 없었다. 안전관리를 제대로 하지 못해서 동생을 놓쳤다고 남편을 원수 보듯 했지만 이미 소용없는 일이었다. 고개 들고 사는 자체가 고모에게 죄를 짓는 것만 같았다. 삶이 편안하면 불안하였다. 기꺼이 고통을 감수하며 살아야 한다고 생각했다. 해결될 기미도 없는 괴로운 상념들이 나를 옭아맸다. 사는 나날이 지옥이었다.

결혼한 지 얼마 되지 않은 동생에게는 아직 신혼인 예쁜 색시와 태어난 지 25일 된 아들이 있었다. 눈에 넣어도 아프지 않을 제 살붙이와 사랑하는 아내를 두고 떠나는 안타까움이 얼마나 컸을까. 동생은 하늘로 간 지 한 해가 다 지나도록 나를 따라다녔다. 이승에 두고 간 처자식이 못 미더워 그랬는지 차를 타면 차 앞에서 슬프게 웃고 있었다. 침대에 누우면 천정에서 선하게 생시처럼 웃으며 내려 보았다. 훤칠하던 동생은 한동안 내 곁을 떠나지 않았다. 그립고 미안했다.

뵙는 것 자체가 고통스러워도 고모 내외분을 때때로 만나야 했으며, 힘든 내색을 감춰야 했다. 내가 힘든 것쯤은 말로 꺼내어 하소연할 처지가 아니었다. 생때같은 자식을 잃은 부모 마음을 가늠할 수 없었다. 젊은 나이에 남편을 잃고 핏덩이 자식을 아빠 없이 키워야 하는 올케 아픔도 감당하기 힘들었다. 남겨진 고모 내외분과 어린 조카, 그 어미 마음을 생각하며 견디었다.

해마다 사월은 도돌이표가 되어 아픔으로 왔고, 빠른 세월은 더디게 약이 되고 있었다. 고모, 고모부는 다 잊었으니 나 보고도 잊자고 했다. 잊는다고 잊힐 일이 아님을 알면서도 고모는 볼 적마다 괜찮으니 잊으라고 하였다. 다시 꺼내어 마음을 헤집으면 고통스러울 것 같아서 아무 일 없던 듯이 늘 무심한 척하며 지냈다. 오랜 시간이 지나고도 꺼내놓고 생각하는 것 자체가 아픈 일이었다. 그러다 어느 날, 글쓰기로 인연이 된 시인의 시집 『어디에서 핀들 꽃이 아니랴』에서 두 줄로 된 시를 보았다.

> 이별의 말도 없이 떠나간
> 너의 먼 눈을 보고 싶다.
> (권희돈, 『단 한 사람만 보게 된다면』 전문)

시를 읽고 몇 날을 두고 깊이 생각해 보았다. 내 마음이 부모 마음처럼 처절했던 것이었을까를. 아무리 아픈들 부모만큼 아프겠냐고 하던 내 말은 허공에 버려질 빈말이라는 생각이 들었다. 말로도 안 되고 생각으로도 가늠할 수 없는 고통이거늘 내가 어떻게 알겠는가. 아픔의 깊이를 모르고 동생에 대한 그리움에 죄책감이 보태져서 괴로웠던 것은 아니었을까.

시인의 시에서처럼 고모 내외는 살면서 '단 한 사람만 보게 된다면' 청년이던 동생이 보고 싶을 것이다. 홀로 아이를 키우며 당당히 사는 젊은 올케도 '단 한 사람만 보게 된다면' 청춘에 떠난 아이 아빠가 보고 싶을 것이다. 의연한 고모 내외분과 올케를 생각하다 부끄러웠다. 마음에 거북이 등걸 같은 껍질을 쓰고 제일 큰 고통을 짊어진 것처럼 살았던 날들이 죄스러웠다. 껍질을 벗으니 등걸로 묶여있던 고통이 허물어지는 느낌이었다. 일찍 더 의연하게 살아보려고 해야 했다. 이렇게 사는 것은 동생이 바라는 일이 아닐 것이었다.

  이제는 웅크리지 않을 것이다. 세상에는 나보다 힘든 사람이 많고 많지만 모두 의연하게 잘 견디고 있었다. 동생 몫까지 고모 내외분 살펴드리고 후일 먼 그곳에서 동생을 만났을 때 부끄럽지 않은 모습으로 보고 싶다. '기억되는 한 살아있는 것이다.' 영화 '노매드랜드'에서 주인공 '펀'이 하던 말로 마음에 위안을 삼는다. 먼저 떠난 동생이지만 우리가 기억하는 한 함께 있다고 믿고 싶다. 나도 언젠가 갈 길을 동생이 조금 일찍 간 것뿐이라고. 동생은 바람이 되어 우리 옆을 스치고 다닐 것이고, 구름이 되어 비로 내릴 것이다. 하늘의 별이 되어 빛날 것이며, 꽃으로도 나무로도 우리 곁에 있을 것이다.

제4부

오수회(五秀會)

이름

 얼마 전 가깝게 지내던 지인이 이름을 바꿨다며 새 이름을 알려주었다. 이름 바꾸는 절차가 예전보다 쉬워졌다고는 하지만, 은행이며 각종 서류 작성에 알리느라 간단하지 않다고 했다. 복잡하게 처리해야 하는 일이 많음에도 불구하고 개명한 것을 보면 어지간히 이름이 싫었는가 보다. 아니면 이름 때문에 만사가 풀리지 않는다고 생각했을지도 모른다. 이유를 묻지 않았지만 쉰을 훌쩍 넘긴 나이에 이름을 바꾼 용기가 가상하다고 여겼다. 어렸을 적 어른들이 밥상머리에서 늘 하시는 말씀이 몇 가지 있었다.

 "호랑이는 죽어서 가죽을 남기고 사람은 죽으면 이름을 남긴다."

그렇게 말씀하실 적마다 내 이름이 탐탁하지가 않아서 불만이었다. 훌륭하게 되어서 이름에 빛을 내며 살라고 하신 말씀이지만 나는 이름을 남길만하게 되기는 애초에 글렀다 생각했었다.

이름은 한 사람 일생을 대신하고 때로는 집안이나 국가를 대표하기도 한다. 역사 속 인물은 물론이려니와 근래에 알려진 사람들의 인품이나 살아온 인생사도 이름 하나로 알 수 있을 정도이다. 이름이 곧 그 사람을 나타낸다 해도 과언이 아닐 것이다. 이름을 신중히 생각하고 지어야 함을 알고 있음에도 불구하고 잘 못 지은 이름으로 웃음거리가 되는 것을 주변에서 더러 보았다. 특히 항렬대로 따르느라 억지로 돌림자를 넣고 지어서 이상한 이름이 된 것을 본 적이 있다. 이름을 잘 못 지으면 두고두고 원망듣기에 십상이다. 지인처럼 이름을 바꾸는 사람도 있긴 하지만 대다수 사람은 싫으나 좋으나 평생을 정 붙이며 살고 있다. 간혹 이름을 주제로 한 텔레비전 프로그램도 생기는 것을 보면 이래저래 개인의 일생에 차지하는 비중이 적지 않다는 생각이 든다.

나는 내 이름이 싫었다. 아들들에게 돌림자를 고수하는 것과는 역으로 딸이라 하여 돌림자를 쓰지 않은 것이 섭섭했다. 거기에 '성숙'도 싫었지만, 한자 표기를 알고는 가운데 이름자의 한자 표기가 마음에 들지 않았다. 내 이름은 성인 성(聖)에 맑을 숙(淑)이다. 달력이 귀하던 유년 시절 우리 집은 수년간 국회의원 ○○성(成: 이룰성)의 달력으로 한 해를 시작하고 마무리했었다. 그때는 한글 이름 옆에 큼지막한 글자로 꼭 한자로 표기하고 작은 글씨로 한글로 해석을 달던 시절이었다. 내 생각으로는 ○○성(成) 의원 이름에 이룰 성(成)자가 있어서 국회의원이 된 것만 같았다. 기왕에 성숙으로 하려면 이룰 성(成)자를 써야지 왜 성인 성(聖)자를 썼을까. 이룰 성이 아니라서 아무것도 이룰 수 없을 것만 같았다. 청소년기에 생각은 그랬다. 성숙이란 어휘도 싫었다. 기왕에 숙자를 쓰려거든 '성숙' 보다는 미숙이나 명숙이, 정숙이가 좋다고 여겼다. 크지도 않은 어린아이가 성숙이 웬 말인가 싶었으므로.

청년 시절 잠시 붓글씨 공부를 하면서 낙관을 만드느라 서예 선생님에게서 호를 받은 적이 있었다. 나이가 지긋해지면 그때 받았던 호로 이름을 바꾸어 살고 싶었다. 일필휘지로 폼 나게 아호로 서명하는 내 모습을 상상했다. 하지만 예순을 넘기고도 아호를 적을 만한 인물도 못되려니와 이름에 대한 마음이 전 같지 않아서 그대로 정 붙여 쓰고 있다.

요즘은 딩크족이니 비혼주의니 하며 자식에 대한 개념이 예전과 많이 달라졌지만 내가 어렸을 때는 혼인을 하면 절대적으로 자녀가 있어야 했다. 부모의 울타리라 하며 노후를 의탁하는 것으로 자녀가 있어야 할 이유를 만들기도 하던 세월이었다. 아무개 아버지나 엄마로 부를 수 있는 것도 그중 하나였다. 어릴 때 고향마을에 자녀가 없는 어른이 한 분 계셨는데 노인이 되어도 그 어른께는 본인 이름으로 호칭을 했다. 돌아가신 후에도 어른, 아이 할 것 없이 그 어른 이름을 그대로 부르는 것에 불편하던 기억이 있다. 물론 요즘은 그것이 별일이 아님을 안다.

그것과 같은 맥락으로 어느 집안이든 대체로 맏이는 어른이 되어도 부모님을 대신하여 이름이 불릴 때가 많았다. 나의 어머니는 성숙이 엄마였다. 어머니 계실 동안 내 나이 쉰이 넘어서도 동네 사람들에게 성숙이 엄마로 불렸다. 동생이 있었지만, 어머니 앞에는 맏이인 내 이름이 함께 할 때가 많았다. 부모님이 지어주고 불러준 성숙이라는 이름이 어머니와 나를 이어주고 있었음을 뒤늦게 깨달았다.

돌아가신 어머니 유품 중 오래된 낡은 수첩이 있었다. 친지나 친구들 전화번호와 딸 둘의 연락처, 손주 손녀 연락처를 서툰 글씨로 적으시고 생일이나 제사도 꼼꼼하게 기록해 두셨다. 번듯한 수첩 하나 사드리지 못한 후회에 사무친 마음으로 수첩을 넘기다가 가슴이 먹먹해졌다. '성숙이 엄마, 성숙이 엄마, 성숙이 엄마 세로글씨로 수첩 한쪽을 다 채워서 써놓으셨다. 무슨 마음으로 그렇게 여러 번 성숙이 엄마를 쓰셨는지 이제는 알아볼 길이 없다. 살갑지 못한 딸이 야속하여 그리하신 것은 아닐까 하는 회한만 남아 있을 뿐이다.

스물에 날 낳으신 어머니는 하늘로 가실 때까지 '순'이라는 예쁜 외자 이름이 있었음에도 늘 성숙이 엄마였다. 내 이름은 나 혼자만의 것이 아니라 어머니를 대신하는 이름이기도 했다. 어머니 돌아가시고는 이름을 가벼이 여기지도, 싫어하지도 않기로 마음을 고쳐먹고 있다. 내 이름은 어머니와 나를 함께 이어 주고 있는 끈이었으므로.

황금빛 추억

 잠두봉을 개발하기로 했다는 뉴스를 보았다. 잠두봉은 청주시 서원구 분평동에 남아있는 우리 동네 뒷산이었다. 고향을 잃는 것처럼 마음이 허전했다. 산 아래 모여 살던 고향 사람들, 더러는 개발 덕에 큰돈을 만들어 대처로 나갔지만 거지반 분평동에서 둘레둘레 살고 있다. 집으로 이어지던 고샅길, 길옆으로 나 있던 집집의 허술한 사립문, 동무 집 댓돌 위의 하얀 고무신 등이 삽화가 되어 지금도 기억에 남아 있다. 나는 이곳에서 태어났으며 학교 다니고, 결혼하고, 자식 낳고, 분평동에 쭉 살았다고 해도 과언 아니다. 몇 해씩 다른 곳에 살기도 했지만 늘 지척에 있었다. 잠두봉은 내 유년의 추억이 고스란히 담긴 산이었다.
 나의 어린 시절 분평동은 잠두봉 산기슭에 철쭉꽃이 만발

하였고, 살구나무 감나무가 실하게 자라는 꽃피는 산골이었다. 잠두봉이 삼태기 모양으로 분평동을 둘러싸고 있었고, 동네 앞을 지나는 큰 도로가 북에서 남으로 들녘을 가르며 이어졌다. 넓은 들은 치마폭처럼 오가는 내내 펼쳐져 있었고 그 곁으로 무심천이 유유히 흘렀다. 지금은 기억 속에만 남아있는 향나무 굽어진 우물이 있었고, 봄날이면 꽃바람 살랑거리는 아련함이 있었다.

우리 집은 분평동의 가장 안쪽에 있는 안뜸이었다. 안뜸 외에도 마궁골, 삼반, 새뜸, 일곱집매 등으로 지금의 통 반처럼 구분하는 마을들이 군락을 이루고 있었다. 그 마을을 모두 합치면 분평동은 백여 호가 넘는 큰 동네였다. 안뜸에는 수령을 모르는 아름드리 둥구나무가 있었고 바위산 고개 너머에는 서낭당이 있었다. 어린 나는 종종걸음으로 서낭당을 오가며 할아버지 막걸리 새참을 가져다드렸다.

마을 가운데 있던 둥구나무는 연세 드신 어른들의 쉼터였고 밤이 되면 청년들의 놀이터였다. 밤이 이슥하도록 노래를 부르고 놀아도 고성방가라며 신고하는 이 없었고 술 마시고 싸우는 젊은이도 없었다. 이른 저녁을 먹고 아직 해가 남았으면 청년들은 동네 꼬마들을 모아놓고 달리기를 시켰다. 그럴 때면 운동회 하듯 온 동네가 시끌벅적한 축제장이 되기도 했다. 둥구나무에서 시작하여 안뜸, 삼반으로 동네를 한 바퀴 돌게 하는 달리기 시합은 아이들에게는 체력 단

련이 되었고 어른들은 어느 집 자손이 잘 뛰고 튼튼한지를 가늠하였을 것이다.

둥구나무 아래 앉아서 바라보면 이발소가 있던 신작로 너머로 원마루 넓은 들이 펼쳐졌다. 들판 끝, 둑 길에 나란히 서 있는 나무들이 나른하게 아른거렸고, 나무 사이로 무심천 물결이 햇살을 받아 반짝였다. 남성 초등학교 뒤편에 빼곡히 심은 키 큰 미루나무가 보였고, 동사무소도 보였다. 신작로 국숫집도, 스피커네 집도 잘 어우러져 바라보는 그대로 풍경화였다. 아지랑이 아른거리는 봄날, 둥구나무에 기대어 졸다가 깨다가 하던 기억이 꿈이었나 싶다. 어른들이 느꼈음 직한 궁핍함을 모르고 어린 시절을 보냈다. 그저 하루하루 놀 거리로 흥미진진하였다.

동네 가운데는 큰 두레박 우물이 있었고, 사철 물이 마르지 않는 옹달샘도 있었다. 옹달샘에선 빨래를 하였고 큰 우물은 식수로 사용했다. 샘가에는 향나무가 야트막하게 가지를 길게 뻗고 있었다. 양옆으로 휘어져 있던 굵은 가지는 샘을 향기롭게 하였으며 우물과 짝을 이루어 그림 같았다. 큰 우물은 한 해 한 번 온 동네 사람이 깨끗이 청소를 하고 샘 고사를 지냈다. 샘 고사를 지낼 때마다 생기 넘쳐 보이던 어머니를 잊을 수가 없다. 우물 청소를 할 때면 으레 어머니가 깊은 샘 안에 들어가서서 우물 바닥 청소를 담당하였다. 그때마다 밖에서 까치발을 띠고 들여다보며 어머니가 샘에서 나오지 못할까 봐 마음을 졸여야 했다.

논두렁으로 다니는 학교 길은 놀잇감이 많아서 해찰하느라 지각하기 일쑤였다. 학교를 오갈 때면 제법 넓은 개울이 있어서 비가 많이 오는 날에는 빙 돌아서 다녀야 했다. 훗날 중학교 교과서에 실린 황순원의 '소나기'를 읽고 미지의 소년 등에 업혀 그 개울을 건너는 상상을 해보기도 했었다. 우리가 건너던 개울과 소나기에 그려진 개울이 똑같다고 여겼다.

봄이면 입술에 보랏빛이 돌도록 참꽃을 따 먹었고 삘기를 뽑았으며 여름이면 학교가 끝나도 곧장 집으로 가지 않았다. 맑은 물이 흐르는 개울에서 미역 감고 노느라 정신이 팔렸다. 운동회 때 입던 광목 반바지에서 검정 물이 빠져 주변 물을 시커멓게 물들여도 그런 것은 대수가 아니었다. 입술이 파래지도록 놀다가 싫증 날쯤이면, 잠두봉 산으로 놀잇감을 찾아 슬금슬금 올라갔다. 젖은 옷이 마르도록 산을 타고 놀다가 그조차 시들해지면 굴참나무 그늘에서 이야기 장단이 길었다. 가을에는 도토리도 줍고, 비탈진 산에서 잔디가 닳도록 미끄럼 타느라 시간 가는 줄 몰랐다. 서산에 해가 뉘엿뉘엿하도록 놀다가 집으로 와도 혼나는 일이 없던 시절이었다.

서낭당이 있던 옆으로 충북대와 용암동을 연결하는 우회

도로가 생겼다. 그 길 따라 아파트와 집들이 들어차서 예전의 기억조차 묻어 버렸다. 여름날 입술이 파래지도록 미역을 감던 개울은 복개되어서 어디로 흐르는지 분간하지 못한다. 바위산이 병풍처럼 둘러있어서 아늑하던 안뜸은 대승 스카이빌이 들어섰다. 고샅길이 정겹던 마궁골과 읍내 갔던 할머니를 기다리던 장고개 마루에는 계룡 리슈빌이 높다랗게 서 있다. 초등학교를 오가던 논두렁길과 새뜸은 우성 아파트와 보성 아파트가 진작부터 자리를 잡았다. 나른하게 펼쳐졌던 신작로 건너 원마루 넓은 들판에는 주공아파트와 현대 아파트가 들어와서 무심천을 둘러막고 있다. 철쭉꽃, 진달래꽃이 흐드러지게 피던 잠두봉 한쪽 산은 개발이 되어 집들이 빼곡하다. 지금은 명색뿐인 바위산을 거쳐 남중 앞산만 겨우 남았다.

이쪽에서 저쪽 끝까지 구석구석 모르는 곳 없이 다니던 곳, 잠두봉은 우리 동네 뒷산이었다. 남아있는 잠두봉마저 사라지면 고향은 황금빛 추억으로만 남을 것이다.

꿈꾸는 책방

 오래전부터 이루고 싶은 꿈이 있다. 작지만 편안한 쉼터 같은 책방을 해보는 것이다. 대형서점이 동네 서점을 사라지게 만들고 인터넷으로 책을 사는 것이 시대의 흐름이긴 하다. 그렇다 해도 사랑방처럼 따뜻함이 있는 책방을 하고 싶다. 살면서 열 손가락이 부족할 정도로 바라는 것이 많았었다. 이제는 욕심을 덜어내려고 노력하는 중이지만 꿈꿔오던 책방은 현실로 이루고 싶은 욕심이 점점 커진다. 그것은 생각만으로도 행복하다.
 내가 꿈꾸는 책방은 시내에 있지 않고 조금 변두리에 있어도 괜찮다. 지대가 살짝 높아서 전망이 트인 곳으로 밤마다 야경을 볼 수 있으면 좋겠지만 그렇지 않다고 해도 상관은 없다. 작더라도 마당은 꼭 있어야겠다. 집은 단층으로 꾸

밈없이 수수하게 지어서 마당에 매화 몇 그루와 감나무 한두 그루는 심고 싶다. 계절별로 피는 화려하지 않은 꽃들이 눈맞춤 할 만큼은 있으면 좋겠다. 추위 속에 핀 매화를 보면 책방에 오는 손님들의 마음도 선해지고 생기가 넘칠 것만 같다. 감나무는 봄날의 반질반질한 연초록 잎부터 사계절을 뚜렷이 보이며 사람들의 감정을 풍요롭게 하리라 생각한다. 책방의 넓이는 30~40평이면 족하다. 서쪽으로는 테라스를 넓게 만들고, 한낮의 뜨거운 해를 가려줄 진회색 어닝(두꺼운 천으로 된 차양)을 설치할 생각이다. 테라스에서 자유롭게 차 한 잔의 여유를 누릴 수 있도록 좋은 차를 준비해 두는 것도 잊지 말아야 하겠다. 그곳에서 석양의 노을이 얼마나 아름다운가를 책방을 찾는 사람들이 알아볼 수 있다면 더없이 좋겠다.

요즘 작가들의 책은 물론이지만 예전 작가들의 책도 많이 볼 수 있도록 하고 싶다. 젊은 엄마들이 볼 수 있는 육아 책이나 인테리어 책, 요리책도 시대에 맞게 갖추어 놓고, 여행 작가들의 책도 골고루 있어야 하겠다. 인문이나 철학책이 없으면 섭섭하다. 하지만 참고서나 문제집 또는 사람이 잘 살려면 어떻게 요령을 부려야 되는지를 가르치는 책은 갖춰 놓지 않으려 한다. 지역 작가들의 책은 잘 보이는 자리에 놓고 귀한 대접을 하고 싶다. 그리하여 많은 사람이 동네 작가들과 만나기도 하고 그들의 책을 많이 읽었으면 좋겠다.

나는, 좀 더 욕심을 부려서 책방 옆으로 스물다섯 평쯤 갤러리를 만들고 싶다. 갤러리에서 꼭 해 보고 싶은 소망이 있다. 그림 공부하는 남편의 그림을 어쩌다 한 번씩은 걸어주고 싶다. 그리고 숨겨진 동네 작가들의 그림으로 사철 전시회를 할 수 있으면 좋겠다. 독주회나 협연은 언감생심이었던 딸이 갤러리에서 작은 음악회를 가끔 열어도 좋을 것 같다. 그리하여 딸의 연주를 때때로 편안하게 들을 수 있는 호사를 누려보고 싶다.

갤러리 한쪽 벽면에는 대형스크린을 매립으로 설치하여 평소에는 빈 벽으로 활용하다가 일주일에 한 번 정도는 고전 영화나 시대에 맞는 좋은 영화를 한 편씩 볼 수 있으면 그 또한 좋겠다. 갤러리 북쪽 모퉁이에는 꼭 벽난로를 놓아야겠다. 눈 내리는 저녁 책방을 찾아와주는 손님이 있다면 갤러리로 안내하여 난롯가에 둘러앉아 두런두런 이야기를 나누고 싶다. 분위기가 좋으면 포도주 한 잔쯤은 함께 해도 좋으리라.

책방이 편안해서 시간가는 줄 모르고 책을 읽다가 미안해하는 손님이 많았으면 좋겠다. 그렇게 주인 보기 미안해서 책을 한두 권 사가는 마음 여린 손님들이 와 준다면 그것으로 족하다. 손님이 많으면 좋고 많지 않아도 걱정하고 싶지 않다. 자식들은 다 어른이고 우리 부부 낭비하지 않으면 그럭저럭 사는 데 크게 지장은 없으리라 생각한다.

나는 책방 이름도 두어 개 준비해 두었다. 그중 하나가 '다홍치마'로 생각하고 있다. 그야말로 같은 값이면 다홍치마다. 내 마음대로 할 수 있으니 지어본 이름이 하나 더 있다. '도랑 치고 가재 잡고' 나 혼자 재미있어하는 간판 이름이다. 책도 보고, 영화도 보고, 차 한 잔으로 심신을 쉬게 할 수도 있는 곳이므로 생각해 본 이름이다. 언제가 될지는 모르지만 이런 이름으로 작은 간판이 걸린 꿈속의 책방을 현실로 이룰 것이다. 앞으로 남은 생 동안 호호 할머니가 되도록 책방을 하면서 소일하고 싶다면 너무 욕심일까. 살금살금 고양이 걸음을 걸으며 손님이 보고 있는 책을 기웃거리는 나의 모습을 상상한다.

나는 마음속으로 책방을 수도 없이 짓고 또 허물기도 한다. 허물어도 손해 볼 일 없는 책방이다. 한나절이면 근사한 책방이 머릿속에서 새롭게 완성될 수 있음으로. 이런 생각들로 어느 날은 온종일 마음이 흐뭇하고 즐겁다. 꿈을 이루는 날까지 행복한 나의 상상은 계속될 것이다.

청정지역

 시골에 잠시 살았던 적이 있다. 한적한 산 아래 동네에 터를 잡고 꿈꾸던 대로 집을 지었다. 집 가운데 중정(집 중앙 마당)을 두어 집안 어느 곳에서도 하늘이 보이고 해가 들게 하였다. 지하에는 음향시설을 갖추어 목청껏 노래도 부르고 영화도 볼 수 있게 했다. 불 때는 아궁이에 무쇠솥을 걸고 구들을 놓아 따뜻한 아랫목이 있는 황토방도 만들었다. 무쇠 난로에 고구마나 가래떡을 구워 먹으며 미뤄 두었던 책을 읽는 평화로운 시간이었다. 새소리에 잠 깨는 새벽, 칠흑같이 어두운 밤에 보는 별빛, 눈 쌓인 고즈넉한 겨울 산, 아름답지 않은 것이 없었다. 첫해 겨울을 꿈꾸듯 보냈다.
 이듬해 봄, 건너편 산에 진달래가 아른아른 필 무렵부터 밭두렁에 매실나무, 오가피나무를 심고, 집 둘레에는 주목을 심어 울타리를 대신하였다. 풍산개라며 지인이 준 잘생긴 강아지도 들이고, 파종할 씨앗들을 골고루 마련하여 본격적인 시골 생활을 할 수 있도록 준비를 마쳤다. 소일거리로 농사를 짓기에는 버거웠지만 적당한 고단함은 생활에 활력소가 되었다. 더위가 시작될 무렵부터 남편 얼굴에 언뜻언뜻 수심이 보였다. 밭에 두더지가 많다고 했다. 두더지가 많으면 뱀도 많다고 들었다.

 뱀이라면 어릴 때 본 이후로 근래에는 본 적이 없었다. 초등학교 삼사 학년 되었을까. 엄마가 저수지 댐 공사에 취로사업이라며 봄부터 가을까지 다닌 적이 있었다. 집에서 십 리는 되는 길을 학교가 끝나면 엄마를 보려고 고개 넘고 개울 건너서 놀이하듯 힘든지 모르고 다녔다. 그렇게 다니던 길에서 어느 날인가 뱀을 만났다. 시커먼 뱀들이 공처럼 떼로 엉켜서 길을 막고 있었다. 놀라서 어떻게 집으로 돌아왔는지 생각나지 않지만 뭉쳐서 꿈틀대던 뱀 모습은 아직도 눈에 선하다. 그 뒤로 한두 번쯤 더 봤을 것 같지만 시골에 살기로 하면서 뱀을 염두에 두지는 않았다. 그것이 있을 거란 생각을 못한 것이다.

 우리 집을 사이에 두고 양옆으로 동쪽은 산이고 서쪽은 개울이었다. 산 아래 개울이 있으면 먹이 때문에 뱀이 많다는 것을 뒤늦게 알았다. 잠깐이라도 밭에 가려면 장화는 필수였다. 남편은 소리 없이 다가오는 뱀이 유난히 무섭다고 했다. 그이보다 나는 훨씬 더 뱀이 무서웠다. 그 집에 사는 동안 내 눈에 한 번도 뱀이 보이지 않은 것은 남편의 애씀이 있었기 때문일 것이다. 집안에 뱀이 들어올 수 있다며 문단속도 철저했다. 그이는 사흘돌이로 뱀을 살생한다며 할 짓이 아니라는 말을 입에 달고 살았다. 잡지 않으면 그 자리에서 멀리 가지 않는 것이 뱀 습성이라서 잡지 않을 수가 없다고 하였다.

그 무렵 좀 떨어져 있는 윗집 아저씨가 늦은 밤에 슬리퍼를 신고 마당에 나왔다가 뱀에 물리는 사건이 생겼다. 119가 출동하는 소동을 겪고 나서 우리는 두려워졌다. 이사를 나가야 할 것 같았다. 다행히 쉽게 집 사실 분을 만났다. 집 사시는 분께 개울가라서 그런지 뱀이 좀 있더라고 말했다. 밭에 나가실 땐 장화를 꼭 신어야 한다고 당부도 드렸다. 괜찮다고 했다. 청정지역에만 뱀이 사는 거라고 그분이 알려줬다.

그렇다면 이곳은 확실히 청정지역이라고 남편이 힘주어 말했다. 우리는 아무리 청정지역이라 해도 뱀이 있는 곳에서 살기 싫었지만 새로 집을 매수하는 사람이 상관없다 하니까 마음이 가벼웠다.

얼마 후 신도시에 산을 깎아서 조성한 택지를 매입했다. 이번에는 노후대책으로 너댓 가구 임대도 할 수 있는 집을 지었다. 거실 앞쪽에 널찍하게 만든 테라스를 두고, 손 재미

볼 만큼 채소밭도 남겨 두었다. 이사하면서 노란 넝쿨 장미를 담장 아래 촘촘히 심고 갖가지 야생화로 화단도 꾸몄다. 시내가 한눈에 보이는 테라스에 친지들과 모여 가을 내내 삼겹살 파티도 하며 마냥 좋았다. 봄이 오면서 지난가을 심었던 노랑 사계 장미는 울타리 사이로 소담하게 피어 혼자 보기 아까웠다. 매일 감사하는 마음으로 지내는 동안 분주하게 봄이 가고 여름이 왔다. 장미는 여전히 소담하게 피고 지고 있었다.

  더위가 한창인 칠월 어느 날인가. 종일 내리던 비가 밤까지 부슬부슬 질척거렸다. 습습하여 잠들기 어렵던 늦은 밤 전화가 왔다. 긴장하며 받은 전화는 위층에 세 들어 사는 신랑이었다. 아래층 공동현관에 뱀이 들어와 있다고 했다. 놀라서 나와 보니 새댁도 함께 있었다. 산달이라 휴직 중이었던 새댁이 놀랐으면 어쩔까 싶어서 가슴이 두방망이질 쳤다. 뱀이 축축해진 몸을 말리려고 마른 곳을 찾다가 현관 문틈으로 들어 온 것이라고 했다. 남편은 실랑이 끝에 그놈을 잡았다. 현관에 피비린내가 진동을 했다. 독사라고 한다. 아찔했다. 수습하고 새댁 네를 들여보냈지만 출산 때까지 걱정되었다. 천만다행으로 새댁은 건강한 쌍둥이를 순산하였다. 침착하던 신랑이나 새댁은 지금 생각해도 고맙다.

  그즈음 한더위가 지나고 아들 내외가 다녀갈 때였다. 주차장에서 서로 인사를 주고받고 하던 중이었다. 남편이 인사는 받는 둥 마는 둥 안절부절 얼른 가라고만 야단을 했다. 애들을 서둘러 보낸 섭섭함으로 한 소리하려던 참에 차가 출발하고 나서 알았다. 차 밑에 뱀이 있었다는 것을.

집 지은 이듬해에 그렇게 홍역을 치른 뒤 어쩐지 다음 해에는 뱀도, 쥐도 없었다. 그래도 우리 내외는 그놈을 보았기에 여름이면 두려웠다. 이사를 해야 할 이유가 생긴 것이다. 봄여름 내내 소담하게 꽃 피우는 노랑 장미가 아까웠지만 집을 팔기로 했다. 마침 부동산 사무실을 통해 집을 산다는 분이 계셨다. 집 사시는 분께 첫해에는 뱀이 보였다고 솔직하게 말했다. 혹시 모르니까 화단에 나갈 때는 장화를 꼭 신으라고 당부를 드렸다. 알았다고 했다. 원래 청정지역에만 뱀이 사는 거라고 부동산 직원이 말을 보탰다. 남편은 아마 그럴 거라고 하며 그렇다면 우리 집은 확실히 청정지역이라고 또 힘주어 말했다. 집 사러 온 사람이 우리처럼 뱀을 두려워해서 집 사기를 마다하면 어쩌나 하고 맘을 졸였지만, 그 사람들도 역시 청정지역을 좋아했다. 참 다행이라고 생각하며 마음이 가벼웠다.

지금 우리는 작은 옥상 화단이 있는 이층에 살고 있다. 집 지을 때 일 하시는 분들이 한생전 살 것처럼 지은 집들을 왜 팔았냐고 묻는다. 나이가 지긋한 아저씨 한 분께 그간 뱀 사건을 이야기하며 위층에 집을 짓는 것은 순전히 뱀 때문이라고 했더니 아저씨가 정색을 하며 말한다.

"한여름 소낙비 올 때는 하늘에서 물고기가 떨어지기도 하던데……."

 본인은 그것을 본 적이 있다고 한다. 그러면서 이 집도 위층이지만 장마철 소낙비에 뱀이 하늘에서 화단으로 떨어질 수 있다나. 설마! 하고 한바탕 웃었지만, 또 모를 일이다.

 '재수 없는 놈 비행기 타고도 뱀한테 물릴 수 있다.' 라는 속담을 들은 것 같기도 하고.

오수회(五秀會)

"옛말에 부모 팔아 친구 산다고 하였느니라, 친구들과 잘 지내거라."

생전에 할아버지께서 자주 하시던 말씀이다. 어려서 내내 들어서인지 아이들 키우면서 나도 은연중에 그 말을 자주 썼다. 아이들이 내 생각대로 친구들과 잘 지내는지 속속들이 알 수는 없지만 가랑비에 옷 젖듯이 염두에 두고 있을 거라고 믿는다.

나는 부모를 팔지 않았어도 운 좋게 마음 맞춰 세월을 보태가는 친구가 넷이 있다. 여고 졸업하고 드문드문 연락을 주고받던 친구들과 의기투합하여 모임을 만든 것이 사십 년에 가깝다. 빼어나게 출중한 다섯이 모였다 하여 오수회(五

秀會)라고 이름을 지었다. 주로 미모나 재주를 일러 빼어나다고 할 때 빼어날 수(秀)를 쓰지만 아무런 제약 없이 우리 마음껏 지은 명칭이다. 미모나 성격, 재주, 선함, 믿음 등 빼어날 수 있는 많은 것 중에서 우리에게 출중한 것이 있다면 개성 강한 성격뿐이라는 것을 암묵적으로 알고 있다. 우리를 겉으로만 살짝 겪어본 사람들은 이렇듯 오래 만나는 것을 의아하게 생각한다.

젊어서 만날 때는 두주불사(斗酒不辭)로 맥없이 늦도록 술을 마시느라 늘 시간이 아쉬웠다. 직장에 다니는 친구들은 혹여 아는 사람 만날까 무섭다며 술병을 상 밑에 감추며 정색하고 마시기도 했지만, 이제는 우리 다섯이 소주 한 병을 남길 지경이 되었다. 요즘은 하고 싶은 일이 있거나 먹고 싶은 것, 가보고 싶은 곳이 있으면 참지 말고 하자고 서로 부추긴다.

어찌 되었든 빼어난 우리는, 코로나 환란 전까지는 한 해 두어 번씩 짧은 여행도 하면서 사십 년 가까이 매월 만났다. 코로나로 세상이 뒤집힌 지난해는 통틀어 서너 번 만나 본 것이 전부이니 답답하기가 한량없다. 만나서 하고 싶은 말을 가리지 않고 할 수 있는 것만으로도 행복한 것이었음을 절실하게 느끼는 요즘이다. 그렇다고 우리가 늘 정답기만 한 것은 아니었다. 개성 강하고 주장이 확실해서 젊어서는 티격태격 의견 충돌이 자주 있었다. 그동안 함께 겪은 세월이, 모났던 우리를 둥글게 만들어주었을 것이다.

같은 교복을 입고 중고교를 다녔던 우리가 긴 세월 살면서 어떻게 순탄하기만 하였겠는가. 그간 부모님들을 앞서거니 뒤서거니 하늘나라로 보내드렸으며, 크고 작은 일들로 적지 않은 고난을 겪었다. 참척(慘慽)의 아픔을 감당하고 있는 친구를 옆에서 지켜보았고, 툭툭 털고 일어나 일상을 살아갈 수 있도록 기다려 주었다. 글로 다할 수 없는 어려운 일들을 겪으면서도 고향을 떠나지 않고 둘레둘레 살았기 때문에 그 시간을 견딜 수 있었던 것으로 생각한다. 이제는 좋은 일이나 즐거웠던 일을 추억하며 살아가자고 말 없는 약속을 하고 있다.

친구들 하나같이 작은 일에도 감동하는 선한 감성을 지닌 것에 감사하다. 살림살이가 넉넉하진 않지만, 고만고만하여 크게 아쉬운 소리 하지 않고 살 수 있는 것도 다행이라 여긴다. 조금씩 아프기 시작한 남편들이지만 옆에서 함께 해로하고 있으니 그 또한 감사할 일이다. 틈날 때마다 국내 곳곳을 다니고 가까운 외국도 짧게 몇 번 다녀올 수 있었던 작은 여유로움에도 너무나 고맙게 생각한다.

욕심 버리고 살자는 것이 요즘 대화의 주제이다. 아침마다 약을 배부르도록 먹어야 하는 친구가 있고, 수시로 병원을 들락거리며 어깨를 치료받는 친구도 있다. 수십 년 동안 한 곳에서 가게를 하는 친구는 엉덩이가 아파서 힘들어한다. 아파도 그러려니 일일이 말하지 않는 친구도 있다. 우리는 모두 조금씩 아프다. 그래서 어느 날은 한참씩 우울하다. 자주 만날 수가 없으니 더 그런 것 같다.

한 세월, 또 한 세월이 심술궂은 봄바람에 꽃잎 날리듯 날아갔다. 마음은 갈래머리 하던 시절 그대로인데 몸은 여기저기 삐걱댄다. 이럴 때 아픈 곳이라도 함께 알아주는 친구가 있으니 얼마나 고마운 일인가. 우리는 만나서 안 좋은 일은 빨리 잊자 하고, 좋은 일은 되짚어 이야기하며 즐거워한다. 마음만이라도 청춘처럼 보내자고 하며 같은 말 하고 또 해도 흉잡힐 일 없으니 좋다.

어릴 적 또래 친구들과 마음을 나누며 건강하게 나이 들어간다는 것은 무엇과도 바꿀 수 없는 큰 축복이다. 이제는 온갖 욕심 다 내려놓고, 함께 맛난 것 먹으며 일상으로 누리던 것들 편안하게 누리며 살았으면 좋겠다. 그래서 남편에게 자식에게 못 하는 말들, 두서없이 이야기하고 맞장구치며 오래도록 건강하게 지낼 수 있기를 바랄 뿐이다.

부모 팔아 친구 산다고, 노래처럼 하시던 우리 할아버지.

'그만하면 잘 되었다.' 하실 것이다.

친구

 시 쓰기를 좋아하는 친구가 있다. 내가 아는 한 친구는 그동안 시 쓰기를 공부해본 적이 없었다. 그렇다고 시집을 많이 읽어본 것 같지도 않다. 그러다가 서너 해 전 석양이 코앞인 늦은 나이에 시 창작 공부를 시작했다. 자기가 시를 쓰는 것은 소가 웃을 일이라고 하면서도 어쩌다 마음 내키는 날이면 본인이 쓴 시를 보여줄 때가 있다. 그가 지은 시를 읽으며 같은 사물을 보아도 시인의 마음으로 바라보면 이렇게 표현하기도 하는가보다고 짐작만 할 뿐이었다.

 새싹이 뾰족하게 땅을 뚫고 나올 때부터 단풍 들고 눈이 쌓이도록 계절이 바뀔 때마다 친구 마음은 여전히 갈래머리 소녀였다. 친구는 봄에 올라오는 새싹을, 고운 꽃들을 보지 못하게 될까 봐 세월 가는 것을 아깝게 여겼다. 그러면서 앞

뒤 맞지 않는 말로 봄이 싫다고 할 때가 많았다. 봄이면 우울하다며 우울한 까닭을 말해주었다. 새순이 올라오고 꽃은 피는데 그 속에 함께 어우러지지 못해서 그렇다고 했다. 친구 마음은 뒤죽박죽 헷갈렸다. 어느 날은 뜬금없이 죽는 것이 무섭다고 하였다. 죽어서 봄날 제비꽃을 못 보게 되는 것은 너무나 억울한 일이라고도 했다. 나리꽃은, 하늘로 간 아기를 가졌을 때 꿈에 보인 꽃이라며 어느 꽃보다 애틋하게 여겼다. 나리꽃으로 와주었던 아기는 엄마와 눈 맞춤 한번 못하고 친구가 흠모하는 하느님 품에 안기었다. 아기는 친구 가슴에 내내 나리꽃으로 남아있다.

젊은 시절 우리는 가끔 늦도록 술을 마시며 이야기를 나누었다. 친구는 마흔을 훌쩍 넘어서 귀하게 얻은 딸을 술자리에 자주 데리고 다녔다. 한시도 떼어놓을 수 없는 사랑으로 그렇게 했겠지만, 돌이켜 보면 어이가 없기도 하고 무탈하게 그 세월을 넘긴 것이 다행이다 싶을 때가 있다.

"택시에 아기 떨구지 말고 조심해서 잘 안고 가라."

그 무렵 헤어질 때 취기 오른 친구에게 하는 인사였다. 우리는 철이 없었다. 요즘 같으면 큰일이었지만 그때는 시절이 그런 것을 용서했으니까. 이제는 나이가 들어 예전처럼 술 마시는 것은 어림도 없다. 그 늦둥이 딸내미가 살짝 속

썩인다고 푸념할 때가 있었다. 그러면 속상해하는 친구에게 아기 때 데리고 다니며 술 마신 엄마에게 벌주느라 잠시 그럴 거라고 우스갯소리를 한다. '자식은 총량제 법칙이 있어서 속을 썩일 만큼 썩여야 한다.'라고 아이를 먼저 키운 선배답게 말해 줄 때도 있다.

친구와 지낸 기억을 떠올리다 보면 한시도 잊을 수 없는 장면이 있다. 여러 가지 일이 겹쳐 우리 집이 폭풍 같은 환란을 겪을 때였다. 끝이 보이지 않는 추락으로 생계조차 어려운 중에 큰아이가 대학 입학을 앞두고 있었다. 그 무렵 집에 놀러 왔던 친구가 아들 대학 입학금을 소리 없이 책갈피에 넣어 두고 갔다. 그날, 나의 일기장에는 이렇게 적혀 있다.

> '집에 온 친구와 소주 한 병을 나누어 마셨다. 친구가 아들 대학 등록금에 쓰라며 봉투를 내놓았다. 나는 그저 먹먹했다. 이미 신세진 것도 많아서 아무리 어려워도 도저히 받을 수 없는 돈이었다. 받은 거나 진배없다고 말하며 돌려주고 친구를 보냈다. 내 사는 꼴이 우울하다. 언제 이 악몽 같은 현실에서 벗어날 수 있을까. 앞이 보이지 않는 터널 속 같다. 집에 돌아간 친구에게서 늦은 밤 전화가 왔다. 책장 안 빨간색 책에 봉투 넣어 두었으니 편히 생각하고 등록금으로 쓰란다. 처

지가 바뀌었으면 너는 더 많이 했을 거라며 편하
게 해주려 애를 썼다. 갚아줄 날이 오기나 할는지
미안하고 고맙다.'

 무심하게 세월을 보냈지만, 친구의 그 마음을 어떻게 잊을 수가 있겠는가.

 우리는 쓸데없는 걱정으로 시간 가는 줄 모르고 토론을 할 때도 있다. 그럴 때면 죽이 잘 맞는다. 세상의 불합리에 울분을 티뜨리고 정도를 넘는 위정자들 때문에 몸살을 할 때도 있다. 세상을 성토하고 우리 사는 일을 반성도 하면서 반세기 가깝게 작년이 올해 같고 오늘이 어제같이 지냈다. 친구와 내가 금란지교(金蘭之交), 지란지교(芝蘭之交)까지는 못 될지라도 지기지우(知己之友)는 되지 않을까 하는 가슴 뿌듯한 생각을 해본다. 그것이 내 혼자만의 생각이라도 좋다.

 아무렇지 않던 친구가 뒤늦게 시 쓰는 것을 재미있어하고 있다. 아무렇지 않다는 것은 내 생각이고 친구는 늘 가슴에 시심(詩心)을 갖고 있었을 것이다. 여고 때도 시를 써서 보여준 적이 많았으니까. 시 쓰는 감성을 가졌으니 잘해보라고 친구를 부추겼다. 긴 세월 지켜본 친구라면 시인이 될 수 있을 거라는 믿음이 있다. 또 좀 잘 못 쓰면 무슨 대수인가. 시

잘 쓰는 시인이 넘치는 세상에 순수하게 쓴 시 몇 편 더 보탠다고 잘못은 아니니까. 나에게 친구는 이미 최고의 시인이다.

무심천

 지난해 봄부터 초겨울까지 매주 목요일 무심천변 산책로를 걸었다. 두 번째 학교인 '길 위의 아카데미'에서 주된 학습으로 걷게 된 것이다. 무심천은 우리가 하고 싶은 것을 맘껏 할 수 있도록 길을 내어 주었다. 용평교에서 만나 금계국, 망초꽃을 보며 방서교 아래를 지났고, 풀잎 끝에 진을 친 거미를 보며 장평교를 지나갔다. 무심천 물과 대청호 물이 합수되는 야트막한 다리(우리는 이 다리를 '퐁네프 다리'라 불렀다)를 지나서 대성당(돌이 대성당 모양으로 쌓여있다 하여 붙인 이름)까지 걷는 것이 하루 코스였다. 삼삼오오 자전거 타는 사람들, 팔을 높이 휘휘 저으며 걷는 중년 여성, 지팡이를 짚고 총총걸음으로 걷는 노인, 운동복을 멋지게 갖춰 입고 뛰는 젊은 청춘들 그 무리 속에 합쳐지고 멀어지며 길에서 계절을 맞이하였다.

 무심천에 사는 물고기나 새, 꽃, 나무, 모든 살아있는 것과 물, 길, 돌과 같은 사물의 소리를 들어보고 몸짓을 바라보았다. 감정이입이나 객관적 상관물과 같은 문학적 용어에 관하여도 심도 있게 논하였다. 겹겹이 물비늘 같은 욕망을 한 겹씩 벗기고 마음을 내려놓으며 매 순간 춤추듯이 가볍게 살아갈 것을 다짐하기도 했었다. 어떻게 사물을 봐야 하고 스스로 사유(思惟)해야 하는지를 걸으며, 쉬며 길 위에서 공부하였다. 매주 걷다 보면 어느 날은 혼자만의 시간 속에 머물며 무심천이 남겨준 돌아갈 수 없는 시절의 기억으로 몸 따로 마음 따로 걷곤 했다.

 유년 시절, 우리 동네는 어디에서 바라보아도 신작로 너머 무심천이 한눈에 들어왔다. 나는 일상처럼 그 풍경을 바라보며 자랐다. 마루 끝에 앉아 넋 놓고 있다 보면 멀리서 물고기들이 무지갯빛으로 뛰노는 모습들이 보였다. 지금 생각하면 꿈결 같기도 하고 거짓으로 여겨질 만큼 물이 맑고 골고루 깊었다. 집 앞 둥구나무에 기대어 바라보는 넓은 들판은 무심천을 둑처럼 받치고 있었다. 풍경은 계절마다 다른 모습과 색깔로 펼쳐지며 아른거렸다.

 봄에는 들판 끝에 나란히 서 있는 버드나무가 실바람에 살랑거리듯 보였고, 잎새 사이로 물빛이 햇살을 받아 반짝였다. 볕 좋은 날에는 빨랫감을 가지고 냇가에 갔다. 다 헹군 빨래는 자갈밭에 널어 말리고, 찌든 빨래는 비누를 야무지게 칠해서 햇볕에 달구면 삶아 빤 것처럼 뽀얗게 되기도 했다. 나는 그때 빨래를 널어놓고 해지는 줄 모르고 냇가와 친구가 되어 놀았다.

여름 장마에는 모든 것들을 삼킬 듯이 무섭게 물을 가득 담고 괴물이 되어 흘렀고, 장마가 끝나면 언제 그랬냐는 듯 평온한 물살이 되어 우리를 불렀다. 무더운 여름, 이른 저녁을 먹고 나면 엄마가 설거지를 마칠 때까지 치맛자락 옆에서 냇가에 가기를 보채며 기다렸었다. 엄마들과 또래 친구들은 대야에 낡은 수건들을 끼고 달빛이 어스름 비추는 신작로를 나란히 건너고, 둑길을 걸어 냇가로 미역을 감으러 가고는 했었다. 그것은 여름 한철 너무나 재미있는 일과였다. 냇가에서 시간가는 줄 모르고 놀다 보면 달빛은 대낮처럼 밝았고, 달빛이 비치는 우리의 입술은 푸릇푸릇했다.

가을이면 냇가 너머로 멀리 골짜기를 끼고 있는 산 능선들이 하늘과 맞닿아 있었다. 그때는 공연히 나도 모르게 쓸쓸했다. 소나무에 얹힌 눈이 쑥버무리 같은 겨울이 오면 온종일 화롯불을 끼고 방안퉁수가 되었다. 불 머리 앓는다는 할머니 성화에 머리를 식히려고 마루 끝에 서서 바라보면 보이는 그대로 숫눈이 드넓은 벌판이었다. 옥양목 홑이불을 끝없이 펼쳐 놓은듯하던 그 모습이 잊혀지지 않는다.

더러 잊으며 살아가는 기억 너머에는 무심천 둑을 따라 고은 삼거리(지금은 사거리가 새로 생겼다)를 지나 외갓집을 오가던 어린 내 모습이 흑백사진으로 걸렸다. 초등학교 고학년부터 혼자서 외가에 갔었다. 방학 때나 휴일이면 엄마가 외조부께 드리라고 주는 주전부리 봉지를 흔들며 냇가 둑길을 걸어서 외가를 오갔다. 가는 길 내내 풀, 꽃, 메뚜기, 쇠똥구리 보느라 해찰하고, 물놀이 하느라 시간을 잊고 해 질 녘이나 외가에 도착하고는 했었다. 어린 걸음으로 멀기만 하던 길이 지금도 기억 속에 그대로 담겨있다. 한참이나 지난 세월을 뒤로하고 '길 위의 아카데미'를 통해서 그 길을 다시 걸었다. 내가 오가던 길을 맞춘 듯이 걷는 것이니 마음에 감회가 어찌 없으랴.

무심천은 나에게 추억의 보물창고다. 어린 시절처럼 말갛게 자갈이 깔린 물도 아니고, 한눈에 보이던 넓은 들판에는 아파트가 빼곡하게 들어섰지만 내 기억 속에서는 예전 그대로 무심천이다. 언제나 꺼내어 볼 수 있는 추억 가득한 내 삶의 휴식처이다. 무심천은 예나 지금이나 변함없이 그 자리를 지키며 때로는 힘차게 때로는 유유히 느긋하게 흘러서 가야 할 곳으로 가고 있다.

수많은 사람의 사연을 끌어안고 아무것도 모르는 듯 무심하게 흐른다.

지나고 나서야 알았다

 작은댁 조카가 직장에서, 베트남 주재원으로 나가게 되었다고 한다. 코로나 난국에 외국으로 나가는 것도 편하지 않지만, 막둥이라 그런지 부모와 떨어지기를 싫어한다며 동서가 걱정하고 있다. 누구 집이나 자식들은 아롱이다롱이다. 동서도 아들 둘이 있지만 큰조카는 진중하고, 막둥이는 붙임성 있게 상냥하여 딸 노릇한다고 모일 때마다 말한다. 큰조카는 경제관념도 철저해서 돈 관리를 잘하는 반면에 막둥이는 모은 대로 부모에게 자랑하며 알리고 싶어 한다고 들었다.

 외국으로 가기 전 막둥이 조카가 아버지에게 빚이 얼마나 되느냐고 묻더라고 했다. 그동안 모은 자기 돈이 얼마간 되니 그것으로 빚을 조금이라도 갚으라며 통장을 주었다는 것이다. 천둥벌거숭이로 시작해서 사업하느라 빚으로 평생을 살아온 동서네 사정을 잘 아는 우리는 덩달아 조카의 마음 씀씀이가 고마워서 칭찬이 늘어졌다. 다행히 그동안 동서네 살림살이도 좋아져서 마음만 받고 돈은 그냥 보관해 두는 거로 했다고 한다. 부모는 자식에게 하나라도 더 주고 싶어 안달하지만, 자식 돈을 내 것처럼 쓰기는 쉽지 않다. 남의 돈보다 자식 돈이 어려운 것에는 모든 부모 마음이 같을 것이다.

우리 집은 아이들이 대학에 갈 무렵 남편의 사업이 잘못되어 집안이 풍비박산될 지경이었다. 겨우 버티고 사느라 아이 둘을 타지에서 대학 공부시키는 것이 참 버거웠다. 그즈음 입영 통지서를 받은 아들이 입대하기로 해 주어서 속으로 고맙고 미안했다. 남편은 아들을 군대에 들여보내고 집으로 오는 내내 눈물 바람을 했지만, 나는 학비 걱정을 덜어서 한시름 놓였다. 아들이 군 생활을 하는 동안 집안 형편도 좀 나아졌고 딸도 대학을 마칠 수 있었다. 아들에게 많이 미안했다.

내가 늘 까치발을 띠며 살고 있을 때 복학한 아들이 학교 졸업 전에 취업이 돼서 고맙기가 한량없었다. 첫 월급을 받고 집에 내려온 아들이 정색하며 말하였다.

"엄마, 우리 빚이 얼마나 돼요? 알아야 같이 힘을 합쳐서

갚지요. 저도 조금씩 보탤게요."

 나는 그때 아들 말이 고맙지 않았다. 무안하고 당황스러웠다. 감추고 싶은 치부를 들킨 것처럼 부끄럽고 불편했다. 아들 월급으로 보태서 감당할 만한 빚이면 얼마나 좋았을까. 그랬다면 기특한 아들의 도움을 고맙게 받았을 것이다. 있는 대로 말을 할 수가 없었다. 몰라도 되니까 너나 잘 모으며 살라고 했던 거로 기억한다. 조카에게 고맙다고 말하였듯이, 아들에게 고맙다고 말하지 못하고 '너는 몰라도 된다.'고 무안을 준 것이 내내 마음에 걸렸다. 쪼들리는 살림살이를 한 타령으로 만들고 싶지 않았다. 살다 보면 꼭 지나고 나서야 알게 되는 일들이 있다. 아들에게서 빚이 얼마냐는 말을 들었을 때 불현듯 시어머님 생각이 떠올랐다. 뒤통수를 맞은 것처럼 아득했다. 부모도 자식에게 보이고 싶지 않은 자존심이 있는 것이다.
 아이들 아직 어리고, 서른 중반쯤 되었을 때였다. 어머님의 빚이 감당이 안 되셔서 살고 계시는 집을 팔아야 할 상황이라고 했다. 그 무렵 우리를 비롯하여 시댁 형제들은 하루하루 고단하게 살고 있었다. 그렇다고 어머님이 살고 계신 집을, 키우던 소 내다 팔아 치우듯이 할 수는 없었다. 선산이 있는 고향에 터전이 없어서도 허전한 일이었고, 어머님이 시내 나오셔서 사는 일도 마땅치가 않았다. 힘이 좀 들더라도 위아래 형제들과 돈을 모아 빚을 갚기로 하였다. 형제들이 모여 궁리 끝에 내린 결정이었다.

 어렵게 마련한 돈을 들고 시골 어머님 댁으로 갔다. 한 다리만 건너면 친척들이 사는 집성촌인 동네서 손윗동서인 형님과 나는 어머님께 돈 빌려주신 분들을 불러놓고 빚잔치를 하였다. 어머님 앞에서 일일이 금액을 확인해가며 갚아 드렸다. 다음에는 갚아드리지 못한다고 다짐까지 하면서. 정말 그때는 몰랐다. 그것이 어머니에게 얼마나 잔인한 일이었는가를. 어머님은 고문당하는 것처럼 고통스러우셨을 것이다. 그때의 광경이 떠오르면 목에 걸린 가시처럼 따갑고 아프다.

 농사로 육 남매를 키우고 가르치며, 얼마나 힘이 들었을까 헤아리지 못하였다. 우리 사는 것이 힘들고 고달프다는 생각만 하였다. 어찌하다 생긴 빚이, 이자에 이자가 붙어서 많아졌음을 따져볼 새 없이 빚진 것만 야속하여 어머님을 원망했다. 빚 갚는 데 조금 보태드리고 자식 노릇 잘했다고, 내가 얼마 동안을 곱씹어 이야기하였을까 생각하면 참 부끄럽다. 자식에게 피해를 주고 싶지 않은 것이 부모 마음일진대, 늙고 능력이 없어서 그 짐을 자식에게 떠넘길 때의 어머님 심정은 오죽했을까. 너무 늦게 알았다.

 인생이라는 높은 산을 앞뒤 돌아볼 사이 없이 황급하게 오르기만 하였다. 오르막길, 내리막길, 굽은 길, 곧은길을 오르내리며 길만 보느라 다른 것을 볼 새가 없었다. 한숨 돌리고 멀리서 바라보는 산은 내가 올라온 능선 모습을 그대로 보여주고 있었다. 얼마를 더 오르고 내릴지 모르는 앞으로의 산행 길에는 후회가 없도록 하고 싶다. 멀리서 바라보아도 편안하게 산길 하나하나 아름답게 추억할 수 있기를 바라며.

제5부

철없는 시절

철없는 시절

 담장 위의 장미가 죽지 못해 피어있다. 오뉴월 화려하던 장미꽃이 가을까지 피고 지고 또 피었다. 오월이 장미의 계절이라는 것도 옛말처럼 들린다. 품종개량을 얼마나 잘했는지 끊임없이 꽃을 피우도록 만들었다. 아무리 사계 장미라 해도 어쩐지 겨울을 문 앞에 둔 이즈음에는 그 모습이 숨차고 고단해 보인다. 봄 햇살 받아서 실하게 꽃을 피우고 난 다음에, 여름비와 가을볕으로 양분을 아껴 두었으면 좋겠다. 쌓아놓은 영양분으로 겨울 동안 잠자듯이 쉬고, 봄에 꽃을 피우는 것이 순리 아닐까 싶다. 봄에 핀 꽃을 가을까지 피우려니 꽃도 시원치 않고 나무도 부실해서 보기에 애처롭다. 제철에 피는 꽃이 보기도 좋다.

 봄부터 소쩍새가 목이 메도록 울어주고, 무더위와 천둥

번개를 이겨낸 후 가을에 오롯이 피어야 할 국화 아니던가. 우리 집 화단에는 철모르는 국화가 웬일인지 한여름 장마 끝에 활짝 피었다. 날씨 탓인가? 서둘러 핀 국화가 요즘은 늦가을 된서리 맞은 모습으로 축 늘어졌다. 계절로 보면 국화는 지금이 한창 제철이다. 꽃집마다 피기 시작한 국화가 소담하게 놓여 있는데 어쩌자고 무더위에 꽃을 피우고 일찍 졌는지 모를 일이다. 꽃도 사람 사는 모습처럼 뜻대로 되지 않는가 보다. 필 때 피고 질 때 지면 좋으련만.

  어디 꽃만 그런가! 제철 채소나 제철 과일이란 말이 무색해졌다. 아무 때나 없어서 못 먹는 채소나 과일이 없으니 어찌 되었든 좋은 세월이긴 하다. 예전에는 제철이 되어야만 먹을 수 있는 과일이며 채소였기에 철이 아니면 없으려니 하고 순리대로 살았으니까. 그 시절 들뜬 봄날 딸기밭 한두 번 안 가본 연인 없을 것이다. 팔월 한더위에 포도밭은 추억과 낭만이 있었다. 가을이면 겨울 양식으로 김장을 해서 항아리 채 땅속에 묻어놓고, 왕겨로 보온하여 무를 묻었다. 명절이나 기제사 때 땅속에서 막 꺼낸 무에는 노란 싹이 꽃처럼 피어났다. 고구마는 통가리를 만들어 윗목에 세워놓고 쪄서 먹기도 하지만 밤이 긴 겨울에는 한 바가지씩 날것으로 먹은 적이 많았다. 불 밝히기 전에 먹은 저녁은 동짓달 긴긴밤 고구마나 무 같은 주전부리가 아니었으면 배가 고파서 잠이 오지 않았을지도 모른다. 해마다 그렇게 채소가 나지 않는 겨울 채비를 하였다. 구덩이에 몇 개 남은 무로 무생채를 하거나 겨울을 견디는 봄동으로 겉절이를 해 먹으며 열무가 크기를 기다렸다. 이제는 어느 계절이나 먹고 싶은 것은 때 없이 먹을 수 있는 세월이다 보니 너 나 없이 참을성이 없어지는 것은 아닌가 싶다. 계절을 기다릴 줄 알던 옛날이 그리운 것은 배부른 투정일까.

  제철 음식으로 감자가 먼저 생각나는 것은 봄에 먹는 양식으로 처음 수확하는 작물이라 그런 것 같다. 배고픈 봄이 오면 논이나 밭에 감자심기를 필두로 그해 농사 준비가 분주했다. 논 감자는 좀 무르고 밭 감자는 포실하다. 감자 수확하는 그쯤이 보릿고개였을 것이다. 막 캐온 감자를 옹기 자배기에 넣고 와락와락 문지르면 대체로 껍질이 벗겨졌다. 그래도 남아 있는 껍질이 있다면 닳아진 놋숟가락으로 깔끔하게 마무리하면 되었다. 만질만질한 뽀얀 감자가 자배기에 그득하면 그때부터 군침이 돌았다. 엄마는 가마솥에 들기름을 한 번 휙 두르고 대글대글 볶다가 소금과 사카린 넣은 물을 촤악 소리 나도록 두르고 쪄냈다. 하얀 분을 내며 툭툭 터진 감자 맛은 어느 음식과도 비교할 수 없을 만큼 맛났다. 딱 그 철에 먹어야 그 맛이 난다. 요즘은 감자도 철없이 흔하다. 껍질을 칼로 벗기니 맛도 다르게 느껴진다. 닳아빠진 놋수저마저도 새삼 그립다. 있으면 있는 대로 없으면 없는 대로 맘껏 먹지 못한다고 불만스럽게 생각하지도 않았다. 그저 아무렇지도 않게 그러려니 하고 살았다. 풍족하지는 않았지만, 계절마다 주어진 먹거리를 순리대로 기다리던 시절이었다.

때 이르게 내린 눈 속에서 지지 못하고 피어있는 장미꽃을 보면서 사람의 욕심이 자연을 얼마나 고달프게 하는 가를 생각한다. 또 철도 없이 풍요로운 시대에 사는 지금 나는 진정 행복한가를 돌아본다. 철모르고 피는 꽃들처럼, 철없이 나오는 과일이나 채소처럼, 우리 삶도 어른인지 아이인지 철모르고 살아가는 건 아닌지. 이런 감정 또한 배부른 투정 같아서 마음이 마냥 편하지만은 않다.

건너편 집 담장에 걸린 장미가 추위에 움츠리듯 검붉다.

사람들 사이

 몇 명 안 되던 모임이 불협화음으로 해체되었다. 여럿이 서로 마음 맞추며 지내기가 쉽지 않다. 불편함을 겪으며 부대끼다 보면 서로 마음을 알게 되어 가깝게 될 것으로 여겼는데 그도 아닌가 보다. 하기야 나도 내가 마음에 안 들 때가 많은데 남들과는 오죽하랴. 지금 나이에 어느 세월에 서로 마음 맞추며 앞일을 도모하겠는가. 버킷리스트처럼 마음에 들지 않으면 안 하기 리스트도 있는 시절이라니 굳이 서로 마음을 다치면서 만날 필요가 없다는 것이 대세인지도 모르겠다.

 딸하고 통화하다 그 또래의 관계에 관한 이야기를 듣다가 놀랐다. 요즘 젊은이들은 마음이 맞지 않는 사람과 친구하려고 애쓰지 않는다고 했다. 사람과의 관계에서 싫고 좋음을 굳이 감추려 하지 않는다는 것이다. 서너 번 참아 주다가 영 아니다 싶으면 그 사람은 만나지 않는 것이 그들 세대의 생각이라고 했다. 그러면 길게 이어질 사람이 얼마나 남을까 싶지만 세월이 그렇다 하니 별수 없는 노릇이다. 이런 의견이 그들의 보편적인 생각이라면 이것도 세대 차이라고 여길 수밖에 없다.

옳고 그름을 떠나서 우리 세대와는 다른 잣대로, 어려서부터 가지고 있던 나의 가치관에 혼동을 주기도 한다. 우리는 예나 지금이나 친구가 어려움을 겪을 때 돕는 사람이 진정한 친구라는 데 이의가 없던 세대이다. 반면에 요즘은 어려울 때 도와주는 사람보다 기쁠 때 진심으로 기뻐해 주는 친구가 진정한 친구라고 한다. 친구가 좋은 사람 만나서 결혼할 때 진심으로 축하해 주는 사람, 집을 장만했을 때 마음을 다해 기뻐하는 사람, 승진했을 때, 시험에 합격했을 때, 좋은 일이 있을 때 함께 기뻐해 주는 사람이 진정한 친구라고 해서 듣고 보니 그도 일리가 있다고 생각했다. 사촌이 땅을 사면 배 아프다는 속담과 반대로 상통하는 부분이 있기도 하다.

그렇다 해도 시절이 많이 삭막해졌다. 그러면 어려운 친구는 멀리서 바라보며 어려움을 극복할 때까지 기다려 줘야 하는지. 어느 것이 옳은지 그른지 판단할 수가 없다. 우리는 어려운 일에 힘들어하는 친구를 보면 사심 없이 그를 도우려 했다. 좋은 일이 있을 때 진심으로 함께 기뻐했느냐고 묻는다면 조금은 부러움도 있었겠지만, 진심으로 좋았다고 생각한다. 모두 몰아서 일반화시키는 것에는 좀 껄끄러운 마음이 있다.

친구들과 모처럼 이박삼일 짧게 여행을 다녀왔다. 모두 백신은 맞았지만 조심하며 다니자고 의견을 모아 두 해 만에 꿈결처럼 여행했다. 자주 만나지 못해서 할 이야기가 쌓였기 때문에 한시가 아까운 마음이었다. 오랜 세월 함께 겪은 일이 많은 친구들과의 여행이 남편과 다니는 여행보다 편안한 즐거움이 있음을 감추고 싶지 않다. 자식 이야기, 남편 이야기, 주변 사람들 살림살이도 참견하고, 돌아가신 부모님까지 소환하며 이야기하느라 이박삼일 여행 내내 하루가 짧았다. 친구들과 요즘 세대가 말하는 사람과의 관계에 관하여 이야기해 보았다. 친구들은 하나같이 대답이 명쾌했다.

"어려울 때 도운 친구가 좋은 일에도 함께 기뻐하는 거지. 느닷없이 좋은 일에만 기뻐한다면 모순 아닌가."
"젊은 사람들은 지금부터 마음 맞추어 친구를 만들어야 하고, 우리 나이에는 어려움을 견디며 관계 맺기가 쉽지 않지. 마음 편한 게 최고여."

친구들과 허심탄회하게 이야기를 나누며 우리가 얼마나 많은 세월의 무게를 견디고 쌓아서 이만큼에 편안함을 누리게 되었나를 되짚어 보았다. 그동안 우리는 서로를 참아주고 이해하느라 어려움을 견디었다. 가까운 사이라도 노력하지 않고 좋은 관계가 이어지기는 쉽지 않다고 여긴다.

　심리학자 알프레드 아들러는 '인간의 모든 고민은 인간관계에서 비롯된다.'고 했다. 인간관계가 어렵다는 것을 단적으로 나타내는 말 아닐까. 사람마다 생각과 성격이 다르다 보니 때때로 불편함이 있는 것이 당연하다. 웬만하면 여럿이 모인 단체에서는 나를 누르고 상대를 배려하려고 생각하면 좋겠지만 사안마다 다르니 단정 지어서 말하기도 쉽지 않다. 젊은 사람들은 좀 마땅치 않아도 내치지 말고 부대끼며 친구를 만들어야 노년에 좋은 친구가 남아 있을 것 같다. 이래저래 마음에 들지 않는다고 배척하면 나이 들어 곁에 친구가 하나도 없게 되지 않을까. 괜스레 쓸데없는 걱정을 해본다.

　숙성되어야 제맛 나는 김치처럼 사람 관계도 숙성이 필요하다는 생각이 든다. 금방 담근 김치는 겉절이로 맛이 있지만 익기 직전의 김치는 맛이 없다. 사람 사이도 처음에는 새로운 마음으로 좋았다가 서로 알아가는 과정에서 마음이 맞지 않는 일이 생길 수 있다. 그 시기만 잘 넘기면 좋은 인연이 될 것을 느끼면서도 그 고비를 넘기가 어려운 것이다. 서로 익어가는 시간을 기다려주고 배려해 주는 아량이 있었으면 좋겠다.

 몇 안 되는 회원이 서로 이해하지 못해서 단체를 해체하는 씁쓸한 경험을 하고 나니 새삼 사람 관계가 어려운 것임을 느꼈다. 지금은 잠시 헤어졌지만 가을바람 소슬해지면 서로가 그리워 찾게 될지도 모른다. 그때는 더 깊어진 사이로 만나게 될 것이다. 시절이 어찌 되었든 소중한 인연을 쉽게 버리고 싶지 않다. 이제 또 누구를 만나 새 인연을 맺을 것인가. 알고 있던 인연이라도 잘 맺으며 남은 생을 마무리하고 싶다

우아한 사진관

 오랫동안 비어있던 건너편 상가 이 층에 사진관이 생겼다. 길 하나 사이라서 베란다에 나가면 한눈에 들어오게 지척이다. 캄캄하던 곳에 불빛이 보이는 것만으로도 마음이 놓인다. 높게 설치한 사진관의 간판 글자가 길에서는 잘 보이지 않을 만큼 작지만, 이 층인 우리 집에서는 대문에 등을 켜놓은 듯이 든든하다. 형광색 네온등의 다부진 글자에는 '우아한 사진관' 이라고 되어있다.
 요즘 사진관들은 'OO스튜디오' 라고 하며 규모가 큰 곳이 많아졌다. 지난해 어쩌다 들른 사진 스튜디오가 너무 거창하여 쭈뼛거렸던 것이 생각난다. 그런 곳에 비교하면 우아한 사진관은 소박하고 아담하다. 정이 담긴 듯 수수해서 좋기도 하지만 새로 시작한 곳에 손님이 없을까 봐 괜한 걱정이 되기도 한다. 항상 쳐져 있는 블라인드가 시야를 가려서 내부 모습을 자세히 볼 수 없다 보니, 내 멋대로 사진관 안을 상상해 보는 재미가 있다.

 우아한 사진관 문을 열고 들어가면 보이는 맞은편에 화목한 가족사진이 몇 점 있을 것이고, 신랑 신부 결혼사진도 좀 있을 것 같다. 주인이 찍은 특색 있는 작품 사진으로 작은 갤러리처럼 꾸며 놓았다면 좋겠지만 그것은 내 바람일 뿐이다. 사진 찍을 때 배경으로 쓰일 고풍스러운 그림이 한쪽 벽면을 꾸미고 있을 것 같다. 붉은 바탕에 금색 테를 두른 의자도 하나쯤 있지 않을까 싶다. 또 아기가 앉을 수 있는 작은 의자나 배경에 쓰일 소품들도 준비되었을 것이다. 상상 속에서 사진관 안팎을 넘나드는 생각들로 가보지 않은 그곳이 내 집처럼 친근하다.

 오늘은 늦은 밤까지 사진관에 플래시가 번쩍이고 그림자가 분주하다. 어떤 사람이 이 시간에 사진을 찍을까. 낮 동안 바쁘게 일한 젊은이가 직장을 옮기기 위해 프로필 사진을 찍으러 온 것일까. 결혼을 앞둔 신랑 신부가 시간이 없어 밤에 사진 촬영을 하는 것인가. 괜스레 궁금하다. 어쩌면 가족이 경제적인 문제로 뿔뿔이 흩어져야 하는 상황이 되어, 서로 간직하기 위한 사진을 찍을 수도 있겠다. 낮에는 만날 수 없는 사정으로 늦은 밤이 되어서야 함께 왔을지도 모를 일이다. 그럴 수 있다. 모처럼 늦은 시간까지 일하고 있는 사진관을 보며 근심을 사서 만든다.

　사진 속 내 모습은 세월을 정지시킨다. 사진 속 지금은 먼 훗날에도 지금을 돌아 볼 수 있게 해준다. 오랜 시간이 지나도 사진 속의 그때 그 시간에 있음으로.

　나도 한때 삶이 너무 고단하여 만사가 시들할 때가 있었다. 그때 무슨 마음으로 그랬는지 잊혔지만 가족과 함께 있는 모습을 사진으로 남기고 싶었다. 아이들과 옷을 곱게 차려입고 사진관으로 간 나는 힘든 마음을 숨기고 환하게 웃으며 사진을 찍었다. 당시에는 그 상황이 견디기 어려울 만큼 고통스러웠겠지만 이제 와서 돌아보니 시간이 해결 할 수 있는 일이었다. 살다 보면 그럭저럭 살아지는 것이 삶이라고 생각한다. 그래서 지나간 것은 추억이라 여기며 오늘을 사는 것이 아닌가 싶다. 온 힘을 다해 사느라 고달프기만 하던 그 시절, 그때 찍었던 사진 속의 젊은 나는 아무 일 없었던 것처럼 행복한 모습으로 늘 환하게 웃고 있다.

　늦도록 플래시를 터트리던 사진관은 텁텁한 고단함으로 유리창이 흐릿하다. 잠은 오지 않고 생각은 꼬리를 문다. 어느새 또 보름인가 달빛이 파리하게 허옇다. 사진관 간판 불빛은 봐주는 이 없어도 홀로 환하고, 달빛 때문인지 우아한 사진관 간판 때문인지 가뜩이나 오지 않던 잠이 멀찍이 달아났다. 서늘하고, 쨍하게 맑은 정신이다.

　오래전 감명 깊게 본 영화 '8월의 크리스마스'가 생각난다. 그 영화의 주 무대가 '초원 사진관'이었다. 시한부 삶을 사는 주인공이 시내 변두리에 작은 사진관을 하면서 담담하게 하루하루 살아가는 모습을 그렸다. 배우들의 아무렇지 않은 연기가 영화를 더욱 돋보이게 했던 것 같다. 영화가 시 같았고, 수필 같았고, 단편소설 같다고 느꼈다. 잔잔하지만 애잔하게 느끼던 감동이 아직도 남아있다. 영화의 잔상이 내 머릿속에 입력되었나 보다. 그래서였나. 우아한 사진관을 보면서 영화 '8월의 크리스마스'에서 스스로 영정 사진을 찍던 주인공의 애달픈 마음이 내가 삶이 고단할 때 사진으로 남겨 놓으려 했던 기억과 함께 겹쳐 보였다.

현실은 영화 속 '초원 사진관'이 아니고 우리 집 앞에 있는 사진관이다. 우아한 사진관 주인은 먹고살 걱정이 없으면 좋겠다. 자기만의 작품 세계가 있는 심신이 건강한 사진작가이길 바란다. 선한 얼굴에 웃는 모습으로 손님을 맞이하며 행복해하는 사람이라면 얼마나 좋을까.

가로수 잎이 무성해지면 사진관 간판은 우리 집에서도 잘 보이지 않을 것이다. 보이지 않아도 사진관이 있음을 알고 있으니 머지않아 다가오는 생일에 가볼 것이다. 잘 차려입고 기품 있게 찍은 사진으로 세월을 잠시 정지시켜 볼 생각이다.

"반갑습니다. 건너편 2층에 살고 있답니다."

그때 사진관 주인을 마주하고 인사를 터야겠다. 혹 '바람과 함께 사라지다'의 레트 버틀러 같은 멋진 중년이 사진관 주인이라면 그 또한 나쁠 것도 없다.

고구마

 밭에 이것저것 심었다. 대체로 피농을 했지만, 고구마만큼은 제 꼴을 갖추고 양도 제법 많았다. 이르지도 늦지도 않게 제때 맞춰 수확한 고구마가 생각보다 잘 되었다. 공 안 들이고 심기만 한 것이 잘 되었으니 가을을 거저 얻은 것 같았다. 잘 생기고 좋은 것은 여기저기 인심 쓰고 싶던 친지나 친구에게 나눠 주었다. 우리가 먹을 것은 크거나 작아서 못난 것으로만 남겼어도 족히 서너 박스가 되었다. 거기다 맛나기도 참 맛나서 밤마다 포식을 했다. 고구마 농사는 대성공이었다. 상처 없는 것들로 골라내어 겨우내 먹을 요량으로 보관해 놓았다. 예전처럼 싸리가지에 칡넝쿨로 총총히 엮어 만든 통가리는 아니지만, 켜켜이 신문을 넣고 담아놓은 고구마가 상자에 그득했다. 큰 부자가 된 듯이 흐뭇해하다가 고구마로 속앓이하던 예전 생각이 떠올라 실없게 마음이 씁쓸했다.

　어릴 때는 고구마를 그리 좋아하지 않았다. 우리 집 고구마는 해마다 허여멀건 길쭉하게 못나고 질척해서 빨갛게 동글동글한 밤고구마를 먹는 동무가 부러웠다. 요즘은 종묘상에서 좋은 싹을 사다가 심지만, 예전에는 씨고구마로 남겨두었다가 싹을 틔워서 심었다. 집에서 틔운 싹을 같은 밭에 심다 보니까 품종 개량되기가 어려웠을 것이다. 하기야 밭에 따라 좋은 싹을 심어도 안 될 수도 있음을 요즘 들어서 알게 되었다. 고구마는 토질에 따라 맛이 다르다.

　조부모님과 함께 사는 우리 집은 큰할아버지 댁과 바로 이웃하고 살았다. 큰집도 우리와 종자가 같았고 밭도 이웃하고 있었기에 우리 고구마처럼 날로 먹을 때만 고구마가 아삭아삭 맛있었다. 지금까지 이것을 기억하는 것은 어린 시절 마음에 맺힌 야속함 때문일지도 모르겠다.

　추석 전날 한옆에서는 송편을 빚고 한쪽에서 부침개를 부치느라 부산해도 일손이 많아서 걱정하지 않았다. 큰집하고 합쳐지면 수십 명 대가족으로 일하기가 쉬웠다. 문제는 당숙모가 일감 준비를 못 해주는 데 있었다. 할머니는 늘 주변 머리 없다고 큰할머니가 계시지 않은 큰집에서 시어머니 노릇을 하셨다. 어린 내 눈에도 당숙모는 대중없이 사셨다. 추석에 송편을 빚다 보면 송편 소가 늘 부족했다. 동부로 계피를 낸 고물에 깨고물도 준비하시지만, 턱없이 부족해서 풋콩을 부리나케 까서 소를 만들고, 거기서 끝나지 않고 항상 부족한 송편 소를 급히 쪄낸 고구마를 절구에 짓이겨서 만들었다. 매해 그랬다. 밤고구마도 아닌 질척한 고구마를 송편 소로 하는 것은 지금 생각해도 좋지 않다. 아까운 흰쌀 송편에 고구마 소가 웬 말인가 싶었다. 일 년에 한 번뿐인 추석에 우리는 고구마 송편을 먹지 않으려고 눈치를 봐야 했다. 할아버지께서 해주신 흥부 놀부 이야기를 들으며 우리 집은 흥부집이고 큰집은 놀부네 집이 아닐까 하며 당숙모를 놀부 댁 같다고 생각하였다. 어렸던 나는 당숙모를 원망하며 일부러 고구마 송편을 하는 것이라고 여길 만큼 속상했었다. 송편 소만 아니면 당숙모는 좋은 분이셨다. 작은 체구로 힘에 부치는 일을 너무 많이 하신 걸까. 당숙모는 고구마가 맛없음을 내게 각인시키고 쉰 살 겨우 사시고 돌아가셨다. 일에 치여서 그리되셨는지도 모른다.

스물다섯에 첫아기를 가졌다. 이상했다. 그렇게 별로였던 어려서 먹던 질척한 고구마가 너무나 먹고 싶었다. 아기 가진 것이 부끄러워서 친정어머니께도 말을 못 하고 있을 때였다. 삼월 초순 입춘이 지났어도 여전히 추웠다. 고구마가 먹고 싶어 병이 날 것 같았다. 며칠을 두고 고구마 좀 사다 달라고 남편을 졸랐지만, 시장을 다 돌아다녀도 없다고만 했다. 내 간절한 마음을 알기에는 아직 어린 나이였다. 너무 먹고 싶어 눈이 들어갈 듯 기진해졌다. 생각해 보건대 어느 음식도 그렇게 먹고 싶던 적이 없었다. 몇 날 며칠 아무것도 먹지 못하고 지냈다. 얼굴에는 마른버짐이 피고 시름시름 말라갔다.

어린 시절 숙모가 사촌 동생을 가졌을 때 '돼지고기가 너무 먹고 싶어서 돼지우리에 밥을 주러 가면 산 돼지라도 잡아서 먹고 싶었노라.' 해서 설마 그럴까 싶을 만큼 숙모를 생경하게 본 적이 있었다. 그 말이 이해되었다. 하물며 산돼지도 먹고 싶을 만큼 심한 것이 입덧일진대 고구마도 못 먹는다니 될 말이 아니었다. 서러워만 하다가 문득 할머니 집 윗목에 있던 고구마 통가리가 생각났다.

어릴 적 겨울은 윗목에 있던 고구마 통가리가 주는 흐뭇함을 빼놓을 수 없다. 집마다 싸릿가지에 칡덩굴로 엮거나 볏짚으로 통가리를 마련했다. 가장이 여물게 가정을 다스리는 집 통가리는 함함하고 아무졌으며 한량으로 떠도는 집은 허술하게 보였다. 싹 틔울 온전한 것은 따로 잘 보관했으며 남은 고구마는 통가리에 쟁여놓고 겨우내 양식 겸 간식으로 먹었다. 대가족이 함께 살던 우리 집 살림살이가 그리 넉넉하지는 못했다. 밤마다 날고구마 껍질이 바가지에 그득했던 것은 시원찮은 저녁밥을 대신했을 거란 생각이 든다. 한창때인 삼촌들이 셋이나 있고 고모도 있었으니 먹을 것이 늘 부족했을 것이다. 고구마가 풍족한 해에는 겨울을 편안하게 보내며 느긋하게 봄을 기다렸다.

할머니 집 생각이 나자 단걸음으로 가서 다짜고짜 고구마가 먹고 싶으니 달라고 하였다. 우리 할머니는 당연히 주실 거로 생각했었다. 아기를 가졌다고 말하는 것이 왜 그렇게 부끄러웠는지. 온 나라가 임신을 축하하는 요즘 세월에서는 이해가 안 되는 이야기다. 싹 틔울 씨고구마라서 먹으면 안 된다고 할머니는 단칼에 거절하셨다. 집에 돌아온 나는 섭섭해서 눈이 붓도록 울었다. 한없이 서운했지만, 머리로는 이해가 되었다. 한 해 농사지을 씨고구마를 파종할 시기에 그냥 먹고 싶으니 달라고 말한 내가 철이 없던 거였다. 쉽게 내줄 수 없는 씨고구마였다.

내 손으로 농사지은 고구마를 고르고, 다독이는 것만으로도 격세지감을 느낀다. 다용도실 한옆에 그득하게 쌓여있는 고구마 상자가 겨울 양식을 마련해 놓은 것처럼 든든하다.

말은 해야 맛이지

 주말에 동서들과 가까운 산에 올랐다. 같은 시내에 살면서 서로가 흉허물이 없다. 평소 과묵한 형님도 우리끼리 만나면 남에게 말하지 못하는 고단한 일상을 털어놓는다. 똑똑한 손아래 동서는 모르고 지나치는 정보나 세상 돌아가는 이야기를 명쾌하게 알려주어 늘 새롭고 재미있다. 남이 모여 가족이 된 인연이지만 수십 년 세월을 함께 지내다 자매처럼 할 이야기가 많아졌다. 이번에 만나서 지난번 했던 이야기를 처음 하듯 열변을 토하면 처음 듣는 듯이 또 들어주기도 한다. 우리는 만나서 해가는 줄 모르고 번번이 이야기가 길다.
 산을 오르다 쉼터가 있어서 잠시 쉬어가는 중에 아주머니 한 분이 슬그머니 우리 곁에 합석하였다. 땀을 훔치고 물을 시원스레 마신 아주머니는 거두절미하고 가정사 이야기를 두서없이 하였다. 아주머니는 전셋집을 얻어 혼자서 편안하게 살고 있었다고 한다. 그러다가 딸이 집을 마련하는데 돈이 부족하다고 사정하여서 할 수 없이 전셋집 뺀 돈을 보태고 자녀 집으로 들어갔다는 것이다. 맞벌이하는 딸과 합치고 보니 손주 키우고 집안일 하느라 몸은 고달프고 마음은 서럽더라고 했다. 주말이면 딸네 가족끼리 오붓이 보내라고 산으로 시장으로 돌아다녔다고 한다. 일찍 들어가면 사위 눈치가 보여서 저녁 끼니까지 해결하고 늦은 시간에야 집에 들어간다는 것이다. 하루 이틀 아니고 일상으로 사는 일이 이렇다 보니 지치고 힘들다는 이야기였다.

 말할 사람이 얼마나 없으면 생면부지 우리를 보고 그럴까 싶었다. 자식 이야기라서 어디에 대고 말할 곳이 없노라고 이야기하는 아주머니 처지가 안쓰러웠다. 한편으로는 모르는 사람에게 친근하게 말할 수 있는 그분의 친화력이 부럽기도 했다. 아마 말 못하고 집안에서 끙끙 앓았다면 우울증이 친구하자고 했을지도 모른다. 좋은 일이건 나쁜 일이건 나이가 들수록 누군가에게 자기의 이야기를 할 수 있어야 좋다고 여긴다. 혼자서 속 끓이지 않고 이래저래 말하는 그분을 보며 생전 군말이 없던 친정어머니가 생각났다.

 어머니는 옳다, 그르다 잘 표현하지 않는 분이었다. 맏며느리였지만 내가 아는 한 고부갈등은 없었고, 손아래 동서들과도 얼굴 붉히는 일이 없었다. 그날이 그날같이 재미가 없었고 누구 말에도 맞장구치는 일이 없어서 어머니야말로 말무덤 같은 분이었다. 딸이 이런저런 일들로 어머니께 하소연이라도 하려고 하면 벽을 보고 말하는 것처럼 묵묵부답이어서 답답했다. 유난히 말이 없는 어머니가 홀로 버거운 삶에 무게를 견디며 살아온 날들을 기억한다. 차라리 누구에게라도 하고 싶은 말을 실컷 하였다면 좀 더 건강하게 사시지 않았을까 하는 아쉬움이 있다. 때로는 넉살좋게 남들과 소통하는 것이 마음 건강에 나을 수 있을 것 같다.

'말이 많으면 쓸 말이 적다. 숨은 내쉬고 말은 내지 말라. 세 치 혀가 몸을 베는 칼이라, 삼사일언, 남아일언은 중천금, 침묵은 금' 이라는 등 우리는 말을 아끼라는 격언이나 속담을 많이 들으면서 자랐다. 요즘에도 말을 많이 하면 인품이 가벼운 사람이라고 여기는 경향이 있는 게 사실이다. 하물며 우리가 어릴 때는 밥상머리에서 말하면 복 나간다고 하며 어른들께 영락없이 꾸지람을 들었다. 이런저런 영향 때문인지 나는 살면서 삼사일언을 좌우명으로 삼았던 적이 있었다. 어머니를 닮지 않아서 쓸데없는 말을 자주 하는 나를 스스로 다스려 보겠다는 교훈이었다.

말에 관한 한 적당하게 품위 지켜서 한다는 것이 쉽지 않다. 돌아서면 금방 후회하면서도 말을 참지 못할 때가 있다. 말 없는 사람에 비하여 밑천이 금방 드러나고 마음을 유리

알 보이듯 들키기도 하지만 침묵이 쉽지 않다. 이제는 억지로 삼사일언을 내세우지 않는다. 경솔하여 내 흉이 드러나면 허물이 있는 대로 나를 인정하며 살려고 한다. 사람 사는 모양 거기서 거기인 것을. 남에게 잘 보이려 굳이 나를 감추고 싶지 않다. 체면치레하느라 하고 싶은 말을 무조건 참지는 않겠다.

  할 말도 못 하면 무슨 낙으로 살까. 침묵이 금이라니 웬 말인가. 침묵은 금이 아니라 역으로 독이 될 수도 있을 것 같다. 해야 할 말만 하면서 살라고 교훈처럼 이야기하지만, 나이 든 사람에게는 말할 곳이 많아야 좋다고 생각한다. 이 사람 저 사람에게 하고 싶은 말 그때그때 하면서 단순하게 살아야 건강에 나쁘지 않을 것 같다. 침묵은 은연중 사람을 병들게 할 수도 있을 테니까.

  산에서 마주친 아주머니는 생면부지 우리에게 당신의 신세 한탄을 하면서 억눌린 화를 삭였을 것이다. 본인이 하고 싶은 말을 하였으니 마음이 편안해지지 않았을까.

  동서들과의 수다는 아무리 길어도 흉허물이 없으니 그나마 다행이다. 다른 사람들 같았으면 말 많다고 따돌림 당할 수도 있을지어다.

비대면 수업

 글쓰기가 어려운 것은 두말이 필요 없다. 글을 잘 쓰기는 제쳐두고 기본인 맞춤법이나, 띄어쓰기마저 자신이 없으니 뱁새가 황새 쫓아가듯이 힘에 부쳤다. 컴퓨터 맞춤법에 의지하여 글쓰기를 하다 보면 영락없이 띄어쓰기 서너 개는 잘못되었음을 지적받았다. 처음에는 부끄러웠지만, 전문가도 헷갈리기 쉬운 부분이 있다는 것을 알고는 창피함이 덜하게 되었다. 나름대로 모르는 것을 찾아가며 어떻게든 맞게 해보려고 애를 쓰는 편이지만 그리 만만한 공부가 아니었다. 애쓴다고 하루아침에 되는 것도 아닐뿐더러 제대로 배울 기회조차 없었다. 중고등학교 국어 시간에 배운 것이 전부인데 그것을 기억하기에는 애초에 글렀다. 세월이 가면서 기억력도 함께 친구삼아 데리고 가버렸다. 그러니 글쓰기가 부족한 것은 주머니 속 송곳처럼 감출 수 없는 사실이다.

 같이 공부하는 사람 중 한 분은 신문 사설을 매일 읽으며 문장 공부나 띄어쓰기를 연습한다고 했다. 또 한글 기초 문법책을 사서 공부한다는 사람도 있었다. 노력하면 안 될 것이 없다고 하지만 쉽게 엄두가 나지 않고 어디서부터가 기초인지조차 모르니까 글 쓰는 것에 자신감이 떨어지는 원인이기도 하였다. 다행이라고 할까. 그렇게 답답해하는 사람이 나 하나가 아니었는지 올봄 시립도서관에서 띄어쓰기와 문장론 중심으로 강의를 개설할 거라고 하였다. 글쓰기를 가르치는 교수님의 적극적인 건의가 있었을 것으로 짐작되었다. 비대면 시대에 이 강의를 어떻게 할 수 있을까 걱정하며 수업을 신청하였다.

 강의 첫날 도서관에 이런저런 핑계를 대고 지인 한 분과 둘이서 대면으로 수업을 들을 수 있었다. 마스크를 꾹꾹 눌러 쓰고 강의실에 들어갔다. 국문과 교수로 재직하시던 시인이신 교수님께서 강의 준비를 하고 계셨다. 노트북을 탁자에 놓고 도서관 젊은 직원이 비대면 수업에 필요한 사용법을 교수님께 알려주고 있었다. 가르치는 분이나 배우는 우리나 비대면 수업이 생소하긴 매일반이었다. 수업 며칠 전부터 고심하셨다는 교수님은 몇 번씩 되짚어 확인하고 수업을 무난하게 진행하였다. 칠순 중반을 넘기셨지만 불편한 세상과 정면으로 맞닥뜨리고 계셨다. 교수님의 도전에 잠시

숙연하였다. 또한, 짜증 한번 없이 조곤조곤 일러주는 도서관 직원의 친절도 감동이었다. 칠판에 판서하며 강의를 하고 그것을 따라 적으며 들었으면 훨씬 좋았겠지만, 비대면 강의도 나쁘지 않았다. 첫날 강의가 걱정 반 설렘 반으로 순조롭게 끝났다. 매주 화요일 노트북으로 수업에 참석하면서 무엇인지 모르는 뿌듯함을 느끼고 있다. 마스크를 벗고 화면 속의 서로를 바라보는 모습들이 초롱초롱 생기가 넘쳐 보였다. 집에서만 있다가 모처럼 들어보는 문법 강의가 어려우면서도 재미있었다. 5언(체언, 관계언, 용언, 수식언, 독립언) 9품사(명사, 대명사, 수사, 동사, 형용사, 관형사, 부사, 조사, 감탄사)를 알아야 띄어쓰기를 제대로 할 수 있다는 교수님의 강의를 입시 공부하듯이 열심히 들었다. 품사를 알고 나니 공부를 좀 편하게 할 수 있게 되었다. 요약하자면, 조사를 뺀 모든 품사는 자립성을 가진다. 자립성을 가진 낱말은 띄어 쓴다. 조사는 명사 뒤에 붙여 쓰고, 관형사는 체언을 꾸며주고, 부사는 용언을 꾸며준다. 선어말 어미를 배웠고, 어미는 어간 뒤에서 활용한다. 접두사, 접미사는 붙여 쓴다. 변하지 않는 어간을 변화시키는 불규칙 활용에 대해서도 배웠다. 물론 이 모든 원칙에는 예외가 있음도 공부했다. 교수님이 쉽게 가르치려고 해주신 학습 자료에 일목요연하게 정리된 내용이다. 한글 문법 기초 중의 기초인 내용이지만, 비대면으로 강의를 듣다 보니 놓치지 않으려고 좀 더 집중해서 들었다.

 열 번 강의 중에서 이제 반쯤 들었다. 지금 시대에서만 겪을 수 있는 비대면 수업을 늦은 나이에 경험해 보는 중이다. 앞으로 남은 강의 시간 동안 배우게 될 문장론 수업도 기대한다. 문장론이 끝나면 다음 학기에는 표현법을 공부하기로 계획되어 있다. 비대면 수업도 좋게 생각하려니 여러 가지 좋은 점들이 있다. 나가지 않고 집에서 공부하니 차림에 신경이 덜 쓰이고, 오가는 시간이 절약될뿐더러, 컴퓨터 활용을 새롭게 배우게 되었으니, 이것만으로도 좋다고 하면 억지일까. 덤으로 하나 보태자면 훌륭한 강의를 들으며 모두의 얼굴을 코앞에서 보는 것도 나름 좋은 점이라고 우겨 본다.

 시간이 지나고 뒤돌아본다면, 이 시간도 소중하게 추억할 것이다. 이참에 띄어쓰기도 문장론도 착실하게 배워서 기초를 알고 글쓰기를 할 수 있는 기회가 되길 바란다. 집짓기나 글쓰기나 뭐든 기초가 탄탄해야 제대로 할 수 있을 것이다. 모르는 것을 배우려고 하지 않고 모르는 것을 아는 체 하는 것이 부끄러운 것이라는 말이 있지 않은가. 부끄럽지 않으려면 열심히 배우고 노력하여 차근차근 오래도록 글을 쓰고 싶은 것이 나의 소소(小小)한 소망이다.

봄날 꽃 잔치

"봄에는, 봄을 바라보는 일 외에는 다른 짓을
할 시간이 없다."

 김훈의 '라면을 끓이며' 중에 있는 글이다. 봄을 바라보는 일을 나는 꽃을 바라보는 일이라고 바꿔서 생각해 보았다. 봄에는, 꽃을 바라보는 일 외에는 다른 짓을 할 시간이 없다. 꽃을 보기 위해 겨울을 견뎌내었다. 꽃은 꽃이 살아야 하는 존재 이유이고, 열매를 맺기 위한 고난과 환희의 절정이기도 하다. 그래서 꽃을 바라보는 나의 마음은 때때로 놀랍고 경건하다.
 며칠 전 내린 눈으로 먼 산에는 잔설이 희게 남아 있고, 화단에는 눈들이 얼기설기 얼음덩이로 굳어져서 아직은 겨울이네 하고 버티고 있을 때였다. 복수초가 자주색 단단한 받침을 의지한 채 노랗게 웃고 있는 것이 아닌가! 기별도 없이 눈 속에서 야무지게 꽃을 피운 것이다. 콘크리트 바닥에 흙을 부어 만든 옥상 화단에서 때맞추어 피는 복수초꽃이 눈물이 날 만큼 고마웠다.

 꽃도 시새움이 있는가 보다. 복수초를 시작으로 수선화 촉이 나도 있소 하고 꽃대를 힘차게 밀며 올라온다. 살구나무는 하루쯤 불려놓은 팥알 같은 꽃망울을 매달고 터트릴 때를 기다리며 참고 있다. 꽃대 올린 수선화가 수줍게 피어나면, 홍매화는 새색시 연지 같은 붉은 빛으로 꽃망울을 물고 발그레하다. 만첩백도 복숭아나무는 연두색 꽃받침으로 꽃망울을 감싼 채 갓난아기 손톱만큼만 보여준다.

 목단과 수국이 싹을 틔우는 사이 기다리던 살구꽃은 만발하고 벌들은 바쁘게 윙윙거린다. 살구꽃이 질 무렵이면 앵두나무가 좁쌀처럼 작아서 보이지도 않던 꽃망울을 느닷없이 퐁퐁 터트린다. 여린 가지마다 새색시 치맛자락 보는 듯이 얌전하다. 얌전한 앵두꽃이 한창이면 체리꽃도 천천히 피어나고, 꽃 사과의 수수쌀 같은 꽃망울이 때를 기다리며 수런거린다. 꽃마다 시차를 두고 피고 지는 것을 보며, 자연의 순리에 겸손해진다.

 이때쯤 제비꽃은 보라색 카펫을 깔아놓은 듯 흐뭇하다. 한겨울 쌓인 눈 속에서 먹을 것이 없어 구구거리는 새들이 안쓰러워 과일 껍질이나 푸성귀 찌꺼기를 화단에 자주 던졌었다. 그 바람에 새들의 맛집으로 소문이 났는지 이름 모르는 새들이 연신 푸듯 거리고 재잘거리며 짝지를 불러서 한바탕씩 잔치를 벌인다. 잔치에 보답하느라 제비꽃 씨를 배설물로 옮겨서 그런 것인지 아니면 그냥 우연인지 작년 봄부터 제비꽃이 화단에 지천이다.

제비꽃이 만발할 무렵이면 드문드문 매발톱꽃이 고개를 숙이고 겸손한 체하며 어느 꽃에도 밀리지 않는 보랏빛 고운 모습으로 피어난다. 매발톱꽃이 피는 동안 붓꽃, 비비추도 꼿꼿하게 올라온다. 그 모양이 하도 예뻐서 손끝으로 살짝 누르면 내밀한 힘이 느껴질 정도로 옹골차다. 그때쯤 작약 목단이 잎을 너울거리며 꽃망울을 맺느라 봄바람 사이로 분주하다. 목단 꽃봉오리가 은행 알만큼 클 무렵, 홍매화는 옛 조선의 천하일색 기생 같은 모습으로 진홍색 화려함을 뽐낸다. 만첩백도 도화꽃은 초등학교 운동회 때 어머니가 접어 만든 습자지 꽃이 되어 순백의 춤을 춘다. 하나 꺾어 손가락 사이에 끼워서 손을 높이 들고 흔들며 어머니를 불러보고 싶은 충동을 번번이 참는다.

그럴 즈음 밖에서도 꿈에 임 보듯이 벚꽃이 순식간에 피고 지고, 이름 모를 들꽃들도 다투어 피고 지고 봄날이 한창이다. 영산홍이 한세월 누리고, 하얀 매화가 서서히 떠날 채비를 하면 황매화가 연두색 어린잎과 어우러지며 앙증맞은 모양으로 꽃을 피운다. 목단은 자홍색 꽃잎을 보일 듯 말 듯 애를 태우고, 백 목단은 딱 한 송이 금방 필 것처럼 반쯤 열렸다. 백작약, 분홍, 자홍색 작약이 다투어 봉오리를 맺으면 때맞추어 꽃 잔디가 흐드러지고 패랭이꽃도 드문드문 새침하다.

  불두화가 소담지게 환하고, 보라색 붓꽃이 뾰족뾰족 우후죽순처럼 나오면서, 종 모양 감꽃은 감잎에 숨어서 꽃 피울 날을 기다린다. 벌들의 수고 덕으로 살구, 앵두, 사과, 복숭아, 체리가 열매를 맺으면, 봄날 꽃 잔치도 어지간히 끝나간다. 밖에서는 아카시아 꽃향기로 천지가 달콤하고 한 철 풍미에 벌들이 취한다. 그러면 영락없이 심술궂은 비가 내리고 아카시아꽃 한 생이 찰나처럼 또 가버린다. 무성해진 신록으로 봄날에 꽃 잔치가 서서히 묻혀간다. 꽃을 보느라 봄을 다 보내고도 져버린 꽃들이 여전히 그립다. 다음 해 봄을 기다리며 그리움을 또 견디어 볼 것이다.

땅속 사정은 모르면서

 모처럼 공기가 맑다. 미세먼지, 황사, 송홧가루까지 집 안 팎을 어지럽히더니 연이틀 내린 비로 눈이 환해졌다. 담장에는 장미가 넝쿨지고 화단에는 붓꽃, 작약, 패랭이 갖가지 꽃들이 눈 둘 곳을 모르게 곱다. 집을 지으면서 옥상에도, 주방 앞에도 어렵게 텃밭을 만들었더니 생각할수록 잘한 일 같다.
 주방 앞 꽃밭은 대여섯 평 남짓으로 갖가지 꽃과 나무들이 빼곡하다. 비좁은 곳에 상추, 토마토, 고추 등 바로 먹을 수 있는 채소까지 심었더니 중구난방이라 정신없다. 옥상에는 고추, 고구마 싹 한 묶음, 땅콩, 호박, 양배추, 파 등으로 복잡하다. 그야말로 손바닥만 한 곳에 욕심 넘치게 심었다.
 일을 잘하는 것도 아니면서 늘 농사에 대한 향수가 있다.

몇 해 전에 잠깐 시골에서 농사를 지은 적이 있었다. 잠시였지만 서툴던 그때가 가끔 생각난다. 이웃의 손을 빌려서 트랙터로 고랑을 타고 밭두둑을 두툼하게 만들어 놓으면 흙살이 포슬포슬하게 올라왔다. 반듯하게 긴 고랑을 보면서 어느 작물을 심어야 좋을까 설레었다.

농사일은 시행착오가 많았다. 시시콜콜 물을 수도 없어서 깜냥대로 이것저것 되나 가나 심었다. 그러다 보니 고구마 싹을 심을 때 비닐을 씌워야 하는지 말아야 하는지도 모를 정도였다. 기껏 씌워놓은 비닐을 벗기고 심었지만, 비닐을 씌워야 가뭄이 덜 타고 풀 관리도 쉽다고 이웃에서 말해주었다. 심어 놓은 고구마가 싹이 트지 않고 배배 마른다며 애를 태우던 남편은 영양이 부족하다며 포기마다 비료를 주고 물도 주었다. 뿌리가 내리기 전에 비료를 주는 것은 작물에 치명적이라는 것을 몰랐다. 고구마에는 비료를 주지 않아도 된다고 동네 분들이 알려 주었다. 독한 비료에 녹고, 반만 살아난 고구마 수확은 가관이었다. 영양 과잉으로 장정 주먹 서너 개 크기만 한 것이 쩍쩍 갈라져서 먹을 수가 없었다. 버리기 아까워서 동네 포장마차에 튀김 재료로 쓰라고 서너 상자 보냈다.

삼월 중순의 이른 봄에 파종하는 감자가 그해 농사의 시작이었다. 지난해에 늦어서 심지 못했던 감자를 처음 심어보기로 했다. 씨감자를 사다가 씨눈대로 갈라서 엎어 심어야 하는지 바로 심어야 하는지를 가지고 실랑이를 하였다. 논란 끝에 엎어서 심었더니 옳게 한 일이었다. 종묘상에서 씨감자를 살 때 수확량을 가늠하며 물었더니 우리 정도의 감자 씨 양이면 적어도 스무 상자는 된다고 하였다. 연보랏빛 감자꽃이 살금살금 필 무렵부터는 동시 「감자꽃」을 흥얼거리며 수확할 기쁨에 흐뭇하고 좋았다.

> 자주 꽃 핀 건 자주감자, 파보나 마나 자주감자
> 하얀 꽃 핀 건 하얀 감자, 파보나 마나 하얀 감자
> — 권태응, 『감자꽃』

적어도 스무 상자는 된다고 했으니 잘되면 스물다섯 상자도 되겠다며 땅속 사정은 모르면서 감자 수확량을 우리 맘대로 늘렸다. 나누어 줄 동기간, 친구들, 사고 싶다는 사람들까지 꼼꼼하게 적어서 챙겼다. 감자 캐기 전날 농수산물 시장에서 탄탄한 종이 박스 스물다섯 개를 샀다. 박스값이 감자 두 상자 값은 족히 되었다.

감자 캐는 날이었다. 이 사람 저 사람 불러 모으고 트럭을 빌려서 감자 넣을 빈 박스를 싣고 갔다. 한 고랑씩 맡아서 감자를 캤다. 캐면서 현실을 알았다. 아무리 호미질을 야무지게 해도 감자는 마음 같이 나오질 않았다. 적어도 스무 박스는 되어야 할 텐데, 아니 열다섯, 제발 열 박스라도 되었

으면 좋겠다 싶었다. 애를 태우며 캔 감자는 간신히 여섯 박스 정도였다. 거름이 부족하고 심는 시기가 좀 늦어서 그런 것이라고 했다.

여러 곳에 말한 것이 민망하여 그해 감자를 몇 상자 사서 나누었다. 적어도 스무 상자는 수확할 거라던 종묘상만 애꿎게 원망하며 감자 농사는 실패하였다. 생각하면 지금도 어이가 없다. 이래저래 농사는 시원치 않았고 시골 생활도 오래 하지 못했다. 그때는 그렇다 해도 올해는 잘 될 것이라 믿는다. 그동안 경험도 쌓았고, 겸손함으로 흙을 대하고 애정으로 작물을 보살펴야 한다는 것을 조금은 알고 있기 때문이다. 애초에 수확에는 크게 욕심내지 않기로 했다. 많으면 좋고 적으면 적은 대로 감사하게 생각할 것이다.

농사나 짓는다고 하는 말은 몰라도 너무 모르는 말이다. 농사일은 체계적이고, 손도 많이 가고 정성을 들여야 한다. 그렇게 다 한다 해도 농사짓기는 내 능력만으로 되는 것이 아님을 늘 염두에 두고 있어야 하겠다. 심한 폭우나 태풍에 애달프게 속을 끓일 때도 있다. 농부는 하늘의 섭리에 순응하며 살라는 숙명을 가지고 있다는 생각을 해보았다. 때맞추어 내려주는 비가 있어야 하고, 바람과 햇볕까지 하늘에서 해주는 일이 열에 아홉이다.

농자천하지대본農者天下之大本이라는 거창함까지는 아니더라도 봄마다 도지는 흙 사랑 병으로 몸살을 앓는다. 비록 옥상이지만 올해 고추도 심었고, 고구마도 심었다. 시답지 않게 심은 채소를 여기저기 자랑했으니 올해 또 고추, 고구마 사다가 나누어야 할는지도 모른다. 그래도 괜찮다.

| 해설 |

인내(忍耐)의 뒤에서 기다리는 희망(希望)

권 희 돈(문학평론가)

1. 달의 뒷면처럼 차갑고 어두운

『겨울감나무처럼』은 사십 개의 면(面)을 담고 있는 보석상자다. 이는 화자인 이성숙의 단면들인데 사실은 고원(高原)들이다. 각각의 고원엔 화자의 시간들이 다채로운 색깔로 그려져 있다. 눈물이거나 회한이거나, 분노이거나 화해이거나, 차갑거나 따뜻하거나, 우울하거나 화안하거나. 이런 표정을 한 이야기들이 이성숙의 지나온 생애를 수놓고 있다.

그중에 가장 돋보이는 고원은 한 번도 햇빛을 본 적이 없는 달의 뒷면처럼 차갑고 어두운 면이다. 너무도 차가워서 통절(痛切)한 아픔이 온 살갗을 헤집는다. 너무도 아파서 잊으려 하면 할수록 상처가 덧들여지는 과거이다. 이런 과거는 과거이지만 현재의 삶에 강력히 관여한다. 이 강력한 과거의 개입을 해결하지 않으면 앞으로 나아갈 수가 없다. 그래서 글로 돌덩이 같은 상처를 녹여내는 것이다.

화자의 차가운 과거는 아비의 부재로부터 비롯된다. 아비는 가정의 중심축이고 울타리이다. 가정의 중심이 무너지면 가족 전체가 삶의 균형을 잃는다. 가족 중 가장 어려움에 처하는 구성원은 어린 자녀이다. 다른 가족이 있어도 어느 누구도 아버지의 자리를 대신할 수 없다.

> 아버지와 함께 아버지의 여자는 명절을 핑계로 점령군처럼 들이닥쳤다. 아버지의 여자는 달력에서나 봤음직한 신여성 차림이었다. 아버지 혼자 왔을 때의 불편한 마음과는 다르게 울분이 솟구쳤다. 누구도 눈치 채지 못했지만 나는 엄마를 지키기 위해 온 정신을 쏟았다. 그 여자는 돈뭉치를 꺼내며 엄마에게 이 돈 먼저 받고 서류가 정리되면 나머지를 셈할 것이라고 했다. 아버지를 이길 재간이 없는 가족들은 그저 안타까워 할 뿐이었다.(「그해 겨울은 유난히 추웠다」, 부분)

이로 말미암아 엄마는 사경을 헤맬 만큼 앓아누웠다. 한참 재롱부리며 응석받이 해야 할 어린 나이에 아버지의 사랑은커녕 아버지와 아버지의 여자로부터 엄마를 보호해야 하는 어린 딸의 마음이 얼마나 서럽고 막막했을까. 이렇듯 화자의 유년기는 송두리째 삭제당하고, 사춘기는 엄마 걱정으로 불안에 불안을 거듭하며 지내게 된다.

 조부모와 삼촌과 고모가 엄마의 호위무사이긴 했지만, 그들도 가부장제의 윤리의식에 물들어 있어서 단호하게 엄마 편을 들지 못하는 한계를 지니고 있었다. 엄마는 지아비 없는 집안의 대소사를 마딘 손끝으로 무탈하게 다 해냈다. 아니 해내야 했다. 그러니까 엄마는 제도의 그늘 속에서 언제나 희생양이었던 셈이다. 그런 엄마의 속내를 바라보는 딸의 감정은 연민밖에는 어떤 감정도 없었을 것이다.

> 어머니는 젊어서부터 담배를 즐겨 피웠다 … 시름을 내려놓고 한숨을 감추듯이 피우던 모습이 잊혀지지 않는다 … 우리 자매 그럭저럭 살게 되었을 때 어머니는 시름을 놓은 듯이 하늘로 가셨다. 어머니가 담배 때문에 오래 사시지 못한 것 같아 마음이 아프지만, 담배는 어머니의 가장 친근한 벗이었다 … 수심(愁心)을 쓸어내는 빗자루였다.(「수심을 쓸어내는 빗자루」, 부분)

마음도 물질과 같아서 힘들고 어려우면 때가 낀다. 그 때를 벗기지 않으면 살아내기 힘들 터. 어머니는 억눌린 감정의 때를 담배연기로 날려 보냈으리라. 혹여 어머니는 담배연기가 새처럼 이 꽃 저 꽃 탐하는 남편이 있는 곳으로 흘러가기를 바랐을지도 모른다. 삶이 참으로 알아내기 힘든 것은 화자는 성인이 되어서도 아버지가 지은 업장(Karma)을 달팽이처럼 떠안고 산다는 점이다. 아버지에 대한 미움의 감정이 켜켜이 쌓였을 여동생과 작은 딸에 대한 미안한 마음에 쉬이 저승으로 가지 못하는 아버지와의 화해조차 화자의 몫이었다.

> 아버지가 임종을 앞두고 내게 사정을 하였다. 네 엄마에게나 너에게도 잘못한 것이 많지만, 누구보다 네 동생에게 너무 잘못했다 … 죽기 전에 용서를 빌고 싶다 … 아버지라 한 번도 부르지 않은 동생과 딸 이름 한번 부르지 못한 아버지는 죽음을 앞두고 마주하였다 … 애야 용서를 바란다. 너에게는 할 말이 없을 만큼 너무 잘못했구나. 내가 죽을 임시에 이러는 거가 염치없고 미안하다 … 알았어요. 아버지, 걱정하지 마시고 편히 가세요. 다 지난 일인걸요. 저는 괜찮아요.(「화해」, 부분)

아버지와 여동생의 화해는 언니인 화자의 중개로 이루어졌다.

그러니까 화자는 화해의 중개자였던 셈이다. 아버지와 여동생 둘 중 어느 누가 반대하면 이루어지지 못할 감동적인 장면이 연출된 것은 화해의 중개자인 화자의 무던한 심사가 개입하였기에 가능한 일이었다. 아버지는 딸에게 임종 전에 용서를 빌었기 때문에 그 머나 먼 저승길을 가벼이 떠날 수 있었으며, 딸은 아버지의 용서를 받아주었기 때문에 남은 생을 편안하게 살 수 있었던 것이리라.

2. 강바닥처럼 깊고 낮게 파인

달의 뒷면처럼 차갑고 어두운 면에 이어서, 돋보이는 또 하나의 면은 강바닥처럼 깊고 낮게 파인 면이다. 낮은 곳에 작은 풀들이 자라듯, 세상의 낮은 곳에는 하루벌이로 생계를 유지해가는 사람들이 있다. 낮은 곳에 시선을 두어야 세상이 보인다. 화자는 낮은 곳에 따뜻한 시선을 둠으로써 사회적 자아로서의 건강성을 찾을 수 있었다고 생각된다.

> 내가 겪은 공사판 사람들은 겉에서 보는 것처럼 거칠지 않았다. 그들의 속내는 청정무구했다. 새벽밥 해주느라 고생하는 아내에게 늘 미안해하였다. 땀에 절어 소금기가 허옇게 번진 작업복을 가족에게 보이고 싶지 않다고 말했다. 마음은 들꽃처럼 순박하였고, 노

동으로 절은 삭신은 애틋하였다. 사람을 비뚤어지게
보려 하지 않고 보이는 그대로 단순하게 보았다.(「공사
판 사람들」, 부분)

 노동은 신성하다는 격언 같은 공사판 사람들에 대한 신조라든
가, 그들에게 하루 품삯은 가정의 하느님이라든가, 몸이 재산임
을 입버릇처럼 하는 그들로부터 화자는 마음속에 따뜻함이 채워
졌고 위로를 받았으며, 그 위로는 고단함으로 흔들리는 자신
을 다잡는 힘이었다고 고백한다. 화자의 고백을 듣고 있는 독
자의 마음도 괜스레 눈시울이 붉어지며 마음이 정화되는 느낌
이 든다.

 공사판에서는 사람이 서로 유기적인 관계로 묶여 있
다. 다른 어느 일터에서보다도 사람과잘 지내야 하는
것이 첫째인 곳이다. 아무리 좋은 장비가 있다 해도 사
람이 없으면 사용하지 못한다. 한 사람 한 사람의 땀으
로 건물이 완성되는 곳이다. 나는 현장에서 일하는 분
들의 노고를 거룩하게 생각한다.(「공사판 사람들」, 부분)

 도목수였던 친정 숙부의 권유로 20대에 집 짓는 일을 시작했
다는 그. 집을 짓기 시작하는 첫날은 언제나 설레었다는 그. 건
축현장의 역동적이고 생동감 넘치는 분위기가 좋았다는 그.

그러나 무엇보다도 순박한 건축현장의 노동자들과 함께 할 때가 살맛난다는 그. 그래서 화자는 늘 그때의 그들이 그리운 것이다.

캥거루 자식을 둔 늙은 노동자가 그립고, 우즈베키스탄에서 온 대학 나온 청년이 그립고, 쉰 살이 다 된 작업현장의 꽃 김 군이 그립고, 도면을 잘 해독해서 믿음직했던 젊은 반장이 그립다.

> 지금도 집 짓는 현장을 지나다 보면 남의 일 같지 않다. 가만히 있어도 지치는 무더위에 현장에서 일하는 분들이 여전히 있다. 눈이 쌓여도 해야 할 일이 그득하다. 그렇다고 일이 없으면 살길이 막막하니 사시사철 일해야 먹고 산다. 밖에서 보면 그저 그렇게 보이는 일들이 얼마나 힘든지 알기에 간혹 지나가다가, 걸음을 멈춘다.(「공사판 사람들」 부분)

역지사지(易地思之). 그래서일까. 『겨울감나무처럼』 사십 개의 면(面) 어느 면을 보아도 시선이 따뜻하다. 긍정적이어서 인물들이 충돌하는 법이 없다. 문장들이 흐르는 강물처럼 자연스럽다. 공사판 사람들을 대하는 태도가 몸에 배어서일 것이다. 실제작가인 이성숙의 경우도 누구에게나 따뜻하고 누구하고도 섞이고 누구에게든 나누어주고 그리고는 자신은 언제나 배경으로 선다.

3. 초가(草家) 담장 곁이나 모서리에

「겨울감나무처럼」의 세 번째 특징적인 면은 중심이 되는 곳이 아닌 구석진 곳이나 배경이 되는 곳이다. 남의 시선이 머물지 않는 곳에 겨울 감나무 한 그루 서 있는 고원이 화자의 깊은 심상(心象)과 연결되어 있다. 필자도 화자와 몇 년 동안 교유하면서 그녀가 겨울감나무의 이미지를 닮았다고 생각되어 시(詩)로 표현한 바 있다.

> 햇순은 초의선사에게/꽃목걸이는 아이들에게/이파리는 손맛 좋은 할머니에게/단감은 착한 손을 가진 삼촌에게/가지 끝에 남겨둔 인심은 까치에게/모두 나누어 주고 나서/초가담장 곁 나 모서리에/배경으로 서 있다.(권희돈, 「감나무 여인」, 부분)

감나무는 모든 것을 주는 이미지를 갖는다. 햇순은 감잎차를 좋아하는 이에게 주고, 감꽃은 아이들에게 꽃목걸이용으로 주고, 성장한 잎사귀는 장아찌를 잘 담그는 할머니에게 주고, 단감은 떫은맛을 싫어하는 삼촌에게 주고, 마지막 남은 홍시는 까치에게 주고 벌거벗은 채로 초가 담장이나 모서리에 배경으로 서 있듯이, 실제로 화자의 삶이 그렇다.

『겨울감나무처럼』 40면 한 면 한 면이 누군가에게 주는 이미지로 채워져 있다. 특히 어린 시절의 순수한 마음을 엄마에게 드리고, 사춘기의 성장통도 순화시켜 할머니에게 드리고, 성인이 되어서는 낮은 곳에 사는 이들과 나누고, 노년에 이르러서는 가장 가까운 이에게 나누어 주고, 밖의 사람들에게도 모두 나누어 주면서 사람이 잘 보이지 않는 곳에 풍경으로 나앉았다.

그러므로 화자의 감나무는 그냥 감나무가 아니라 겨울감나무이다. 감나무 앞에 겨울이라는 계절이 수식어로 붙어 있다. 수식어 겨울이 붙어서 감나무의 이미지에서 겨울감나무의 이미지로 의미가 이동된 것이다. 모든 겨울나무의 이미지는 기다림이다. 참고 견디어서 봄을 맞이한다는 희망인 것이다. 보다 내밀한 의미는 참고 견디어 내면 희망이 온다는 뜻이겠다. 말을 바꾸면 인내의 뒤에는 희망이 기다리고 있다는 의미도 가능할 것이다.

그러나 겨울나무는 무턱대고 참고 견디기만 하는 것이 아니다. 사람에게 보이지 않는 곳에서 어마어마한 일을 하고 있다. 혹독한 추위에 얼어 죽지 않기 위해서 부단히 노력한다. 바람에 꺾이지 않기 위해 바람의 세기에 순응한다. 추위를 피부로 막으며 물과 양분을 가지 끝까지 빨아올린다.

겨울나무에게 봄은 그냥 오는 것이 아니라 무수한 노력을 한 끝에 맞이하는 봄이다. 희망은 그냥 오는 것이 아니라 부단한 노력 끝에 온다는 사실을 넌지시 알려준다.

감나무는 어느 곳에 있든 모두 나누며 짱짱하게 그 자리를 지키고 있었다. 어린 시절부터 나무를 울안에 두지 못해 애태우던 나를 돌아보았다. 가지 끝에 까치밥을 남겨두는 인심으로 몸도 마음도 가볍게 하여 내 삶의 겨울을 보내고 싶다.(「겨울감나무처럼」)

겨울나무가 아무 일도 하지 않지 않는다는 사실에 주목한다면, 보이지 않는 곳에서 부단히 노력한다는 사실에 주목한다면, 봄을 맞이하여 어떤 꽃을 피워내느냐에 주목한다면, 노년에 새롭게 시작하는 화자의 인생에 선명한 이정표가 눈앞에 현현하리라 생각된다.

4. 물처럼 바람처럼 자유롭게

머지않아 이 보석상자가 열리는 날 이 40편의 이야기들은 자기만의 날개를 달고 사람들 속으로 날아갈 것이다. 이야기마다 스스로 성장하며 물처럼 바람처럼 온 세상을 주유하면서 자유롭게 나아갈 것이다.
그러나 화자의 삶은 마음먹은 대로 흘러갈 것이다.

순수한 마음을 먹으면 순수한 행동이 따르고, 불순한 마음을 먹으면 불순한 행동이 따른다. 복잡한 마음을 먹으면 행동이 복

잡해지고, 단순한 마음을 먹으면 단순한 행동이 따른다.

그러니 마음먹기를 잘해서 새로운 인생을 가볍게 살기를 바란다.

바라기는 『겨울감나무처럼』의 소소한 면(面)들 가운데 은연중에 툭 튀어나온 한마디를 붙잡아 화자의 마음으로 삼아보면 어떨까 싶다.

> 욕심 버리고 살자는 것이 요즘 대화의 주제이다. 아침마다 약을 배부르게 먹어야 하는 친구가 있고, 수시로 병원을 들락거리며 어깨를 치료받는 친구도 있다. 수십 년 동안 한 곳에서 가게를 하는 친구는 엉덩이가 아파서 힘들어 한다. 아파도 그러려니 말 하지 않는 친구도 있다. 우리는 모두 조금씩 아프다. 그래서 어느 날은 한참씩 우울하다. 자주 만날 수 없으니 더 그런 것 같다.(「五秀會」, 부분)

> 무심천에 사는 물고기나 새, 꽃, 나무, 모든 살아 있는 것과 물, 길, 돌과 같은 사물의 소리를 들어 보고 몸짓을 바라보았다. 감정이입이나 객관적 상관물 같은 문학적 용어에 관해서도 심도 있게 논하였다. 겹겹이 물비늘 같은 욕망을 한 겹씩 벗기고 마음을 내려놓으며 매순간 춤추듯이 가볍게 살아갈 것을 다짐하기도

했다.(「무심천」, 부분)

 그렇다. 욕심이다. 욕심은 집착을 낳는다. 집착을 버리지 못하면 겨우내 참고 기다렸던 봄을 망친다. 방하착(放下着)이라 하지 않았던가. 인생이 다시 시작되는 노년의 유일한 희망은 집착을 내려놓는 것이다. 욕심을 내려놓는 것이다. 욕심을 내려놓되 잡는 것은 단순할수록 좋을 것이다.
 막연히 겨울나무가 아니라 겨울감나무이듯이, 겨울감나무여서 봄에 감잎을 틔우듯이. 이제 다시 시작되는 봄에는 단순한 일 한 가지만 붙잡으면 그해 가을 풍성한 단감을 얻을 것이다.

(時雨)

겨울감나무처럼

인　쇄　2021년 11월 25일
발　행　2021년 11월 30일

발행인　이 성 숙

인쇄처　도서출판 한솔
　　　　　충북 청주시 서원구 모충로145번길 5-6(사직동)
　　　　　전화 : 043) 264-3079 / 8341
　　　　　등록 제아32호(1987년 12월 3일)

ISBN 978-89-91475-55-7 03810
값 13,000원

* 지은이와 협의하여 인지는 생략합니다.
* 이 책 내용의 전부 또는 일부를 재사용하려면 반드시 지은이와 한솔출판사 양측의 동의를 받아야 합니다.
* 이 책은 2021년 충북문화재단기금 일부를 지원받아 발간하였습니다.